FINDE*FIX* ENGLISCH

Wörterbuch
für die Grundschule

AF204556

---

von

Daniela Elsner

Stephanie Kühl

Ulla Leonhardt-Holloh

Anke Spangenberg

Juliane Wolfram

illustriert von Wilfried Poll

Oldenbourg

2 Inhaltsverzeichnis

Erster Teil: Bildtafeln und Themen

Anhang

Zweiter Teil: Wörterlisten von A bis Z

Hallo, das sind Susan und Tim.
Sie sprechen Englisch, weil sie
in London wohnen.
Ihre Freundin heißt Sally. Sally ist ein Känguru
aus Australien und spricht ebenfalls Englisch.
Du wirst die drei immer wieder auf den Bildern
sehen und etwas über sie lesen.

Ich bin Findefix und lerne
gerade erst Englisch.
Deshalb unterhalte ich mich
immer wieder mit Sally.

Gleich auf der nächsten Seite gebe ich dir Tipps,
wie du mit dem Wörterbuch arbeiten kannst.
Anschließend gibt es Aufgaben und Spiele,
mit denen du das Wörterbuch besser kennenlernst.

Im vorderen Teil des Wörterbuchs findest du
24 Themen. Jedes Thema beginnt mit einer großen
Bildtafel. Wenn du umblätterst, findest du die
englischen Wörter und dazu passende Beispielsätze
in Englisch und Deutsch.

Im Anschluss an die Themen gibt es noch einige
Überblicksseiten zu wichtigen und häufig
gebrauchten Wörtern, Satzmustern und Redewendungen.

Beim Nachschlagen von Wörtern helfen dir auch
die Wörterlisten im hinteren Teil des Wörterbuchs.
Dort findest du ein englisch-deutsches und ein
deutsch-englisches Wörterverzeichnis von A bis Z.

> Du interessierst dich für die englischen Wörter zu einem bestimmten Thema.

✳ Du kannst im Inhaltsverzeichnis bei den Überschriften der Themen nachschauen. Dort hat jedes Thema als zusätzliche Hilfe immer ein Bildzeichen.

✳ Beispiel: Du interessierst dich für Tiere im Zoo. Der Löwe beim Thema At the zoo zeigt dir, dass du dort Zootiere findest.

Das Zeichen ist auch im Wörterbuch zu entdecken.

> Du hast ein englisches Wort gehört und möchtest wissen, wie es geschrieben wird.

✳ Schlage Seite 156 auf. Ab hier findest du ein englisch-deutsches Wörterverzeichnis, das nach dem ABC geordnet ist.

✳ Aber sei vorsichtig! Die englischen Wörter werden oft anders geschrieben, als man sie spricht. Im Umschlag vorne findest du Tipps, um den Anfangsbuchstaben zu finden.

> Du liest ein englisches Wort, das du nicht kennst, und möchtest wissen, was es auf Deutsch heißt.

✳ Suche im englisch-deutschen Wörterverzeichnis ab Seite 156.

> Du möchtest wissen, wie ein deutsches Wort auf Englisch heißt.

✳ Ab Seite 195 findest du ein deutsch-englisches Wörterverzeichnis, das nach dem ABC geordnet ist.

So lernst du die Bildtafeln
und die Themen des
Wörterbuchs kennen!
(ab Seite 12)

⭐1 Suche folgende Kapitel:

Food and drink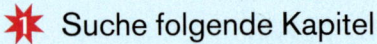

At school

Farm animals

Schreibe so:
Food and drink –
page 88

⭐2 Zu welchem Thema gehören
diese Wörter?
Suche die passende Bild-
tafel.

| red | penguin | pilot |
| apple | sister |

Schreibe so:
red – Colours, page 12

⭐3 Finde zu den Wörtern
jeweils die passende Bildtafel und suche drei weitere
Wörter zum Thema heraus.

| hand | pencil | T-shirt |
| football | dog |

Schreibe so:
hand – My body:
foot, head, arm

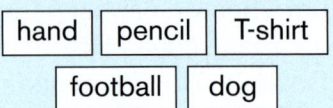

So lernst du die englisch-
deutsche Wörterliste kennen!
(ab Seite 156)

⭐4 Auf welcher Seite findest du
Wörter mit:

| s | z | e | i | qu |

Schreibe so:
s – page 183

⭐5 Auf welcher Seite stehen
die Wörter, die so beginnen:

| ja | bi | te | fo | ca |

Schreibe so:
ja – page 173

6 Wie heißen diese Spiel-
sachen auf Deutsch?

| car | train | ball |
| ship | plane |

Schreibe so:
car – Auto

7 Finde zu diesen Wörtern
die Mehrzahl.
Achtung, sie ist unregel-
mäßig und steht
in Klammern!

| foot | man | woman | child |

Schreibe so:
foot – feet

8 Suche die deutsche
Bedeutung dieser Verben
(Tunwörter).
Pass auf, in der Grundform
steht to vorweg!
Du findest das englische
Verb immer unter seinem
Anfangsbuchstaben.

| to play | to sing | to write |
| to run | to jump |

Schreibe so:
to play – spielen

So lernst du die deutsch-
englische Wörterliste kennen!
(ab Seite 195)

9 Wie heißen die englischen
Wörter? Sie sind den
deutschen sehr ähnlich.

| Ball | Teddybär | Jacke |
| Gitarre | Computer |

Schreibe so:
Ball – ball

10 Diese Wörter heißen ganz
anders:

| Stuhl | Schlafzimmer |
| Hund | Zehe |

Schreibe so:
Stuhl – chair

Now
let's play!

1 What is it in English?

Schlagt eine Bildtafel auf.
Fangt mit einer Bildtafel an,
auf der ihr schon möglichst viele Dinge
auf Englisch benennen könnt.

Ein Spieler wählt eine Zahl
von der Bildtafel aus.
Wer das englische Wort weiß, sagt es.
Die Lösung steht auf der folgenden Seite!

Wenn ihr das Spiel zu zweit spielt,
dann stellt euch gegenseitig die Fragen
und zählt die Anzahl der richtigen Antworten.

2 Which number is …?

Schlagt eine Bildtafel auf.
Ein Spieler nennt einen Gegenstand
davon. Die Mitspieler suchen ihn.

Wer sagt zuerst die richtige Zahl?
Mit der folgenden Seite könnt ihr
kontrollieren.

3 Look up the words

Der Spielleiter sagt ein neu erlerntes Wort.
Wer zuerst das Wort in der englisch-deutschen
Wörterliste gefunden hat, ruft laut die Seitenzahl.

Dieses Spiel könnt ihr auch gut zu zweit spielen.
Ein Partner liest ein Wort vor.
Während der andere es sucht,
wird die Zeit gestoppt, bis er die
richtige Seitenzahl nennen kann.
Sieger ist, wer nach fünf Runden die
wenigste Zeit benötigt hat.

4 Alphabet game

Wählt einen Buchstaben aus.
Schlagt in der englisch-deutschen Wörterliste
nach und sucht die Wörter, die ebenfalls
mit diesem Buchstaben anfangen.
Legt eine Zeit fest.
Wer in dieser Zeit die meisten Wörter
abgeschrieben hat, ist Sieger.

5 Draw and guess

Dieses Spiel wird mit zwei Teams gespielt.
In jedem Team wird ein Kind zum „Maler"
bestimmt.

Aus den Wörtern zu einer der Bildtafeln
wird dem „Maler" der einen Gruppe
von der anderen Gruppe ein Wort gezeigt.
Das muss er für die Mitspieler seiner
eigenen Gruppe so zeichnen,
dass sie es erraten können.

Bingo
In ein Rechteck mit neun Feldern
schreibt ihr je ein englisches Wort.
Beschränkt euch dabei auf ein bis
zwei Kapitel aus dem Wörterbuch.

arm	leg	foot
eye	hair	~~hand~~
~~nose~~	head	toe

Der Spielleiter ruft nun nacheinander
ein Wort auf. Wenn es in einem eurer Felder
geschrieben steht, dürft ihr es durchstreichen.
Wer zuerst alle Felder markiert hat, ruft "Bingo".

 Jumbled sentences
Einigt euch auf ein Thema
und die passende Bildtafel.
Aus den Sätzen zur Bildtafel
sucht sich jeder einen Satz aus
und schreibt die Wörter in veränderter
Reihenfolge auf einen Zettel.

Sugar Mrs Brown
in tea her likes.

Die Zettel tauscht ihr untereinander
aus und versucht, die Wörter wieder
richtig anzuordnen.
Die Lösung findet ihr im Wörterbuch.

Mrs Brown likes
sugar in her tea.

 Word chain
Bildet Gruppen und einigt euch auf ein Thema.
Sucht dazu im Wörterbuch Wörter, mit denen
ihr Wörterketten bilden könnt: Das nächste Wort
beginnt immer mit dem letzten Buchstaben des
Vorgängers. Wer die längste Kette bilden kann, gewinnt.

coattrousersshirttrainers

Erster Teil:
Bildtafeln und Themen

1 2 3 4 5 6 7 8

14

15

9

17

13

10

11

18

19

16

20

12

1

red

The apples are red.
Die Äpfel sind rot.

2

orange

The butterfly is orange.
Der Schmetterling ist orange.

3

yellow

The sun is yellow.
Die Sonne ist gelb.

4

light green

The four-leaf clover is light green.
Das vierblättrige Kleeblatt ist hellgrün.

5

dark green

The tree is dark green.
Der Baum ist dunkelgrün.

6  **blue**

The sky is blue.
Der Himmel ist blau.

7  **purple**

The berries are purple.
Die Beeren sind lila.

8  **pink**

The flowers are pink.
Die Blumen sind rosa.

9  **brown**

The pot is brown.
Der Topf ist braun.

10  **grey**

The clouds are grey.
Die Wolken sind grau.

11

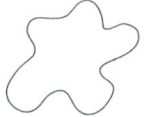

white

The T-shirt is white.
Das T-Shirt ist weiß.

12

black

The jeans are black.
Die Jeans sind schwarz.

13

rainbow

There is a rainbow in the sky.
Am Himmel ist ein Regenbogen.

14

leprechaun

The leprechaun is a little green man.
Der Leprechaun (Kobold) ist ein
kleiner grüner Mann.

15

pot of gold

He is guarding the pot of gold.
Er bewacht den Topf mit Gold.

16

striped

The shirt is striped.
Das Hemd ist gestreift.

17

dotted

The mushroom is dotted.
Der Pilz ist gepunktet.

18

checked

The skirt is checked.
Der Rock ist kariert.

19

to paint

The girl is painting a picture.
Das Mädchen malt ein Bild.

20

to draw

The boy is drawing a flower.
Der Junge zeichnet eine Blume.

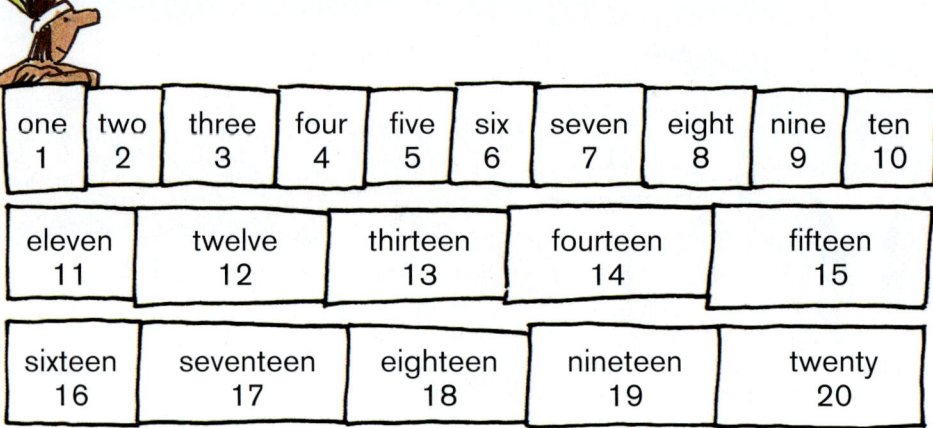

one	two	three	four	five	six	seven	eight	nine	ten
1	2	3	4	5	6	7	8	9	10

eleven	twelve	thirteen	fourteen	fifteen
11	12	13	14	15

sixteen	seventeen	eighteen	nineteen	twenty
16	17	18	19	20

1

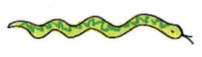

snake

One snake is hiding.
Eine Schlange versteckt sich.

2

tree

These two trees are pine trees.
Diese zwei Bäume sind Kiefern.

3

feather
The Indian boy has got three feathers
in his hair.
Der Indianerjunge hat drei Federn
in seinem Haar.

twenty-one 21	twenty-two 22	twenty-three 23	twenty-four 24	twenty-five 25

twenty-six 26	twenty-seven 27	twenty-eight 28	twenty-nine 29	thirty 30

forty 40	fifty 50	sixty 60	seventy 70	eighty 80	ninety 90	a/one hundred 100

4

tepee

These Indians live in four tepees.
Diese Indianer leben in vier Tipis.

5

arrow

Each Indian is carrying five arrows.
Jeder Indianer trägt fünf Pfeile.

6

horse

Six horses are grazing.
Sechs Pferde grasen.

7  **bird**

There are seven birds in the picture.
Es sind sieben Vögel auf dem Bild.

8 **pine cone**

Eight pine cones are hanging on the tree.
Acht Kiefernzapfen hängen am Baum.

9  **flower**

The nine flowers are blue.
Die neun Blumen sind blau.

10  **Indian**

Ten little Indians are walking through the prairie.
Zehn kleine Indianer gehen durch die Prärie.

11 **rat**

Eleven rats are hiding in the flowers and trees.
Elf Ratten verstecken sich in den Blumen und Bäumen.

12

coyote

Twelve coyotes are watching the plain.
Zwölf Kojoten beobachten die Ebene.

13

beetle

Thirteen beetles are marching in a row.
Dreizehn Käfer marschieren in einer
Reihe.

14

rock

The fourteen rocks are a good
hiding place.
Die vierzehn Felsen sind ein gutes
Versteck.

15

buffalo *(pl.: buffaloes)*

The fifteen buffaloes form a small herd.
Die fünfzehn Büffel bilden eine kleine
Herde.

How many Indians
can you see?

I can see ten
little Indians.

1

teacher

Mrs Miller is the teacher.
Frau Miller ist die Lehrerin.

2

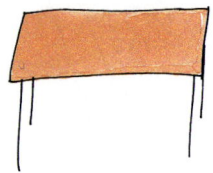

desk

Her desk is in front of the window.
Ihr Schreibtisch steht vor dem Fenster.

3

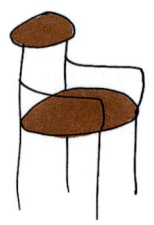

chair

Her chair is comfortable.
Ihr Stuhl ist bequem.

4

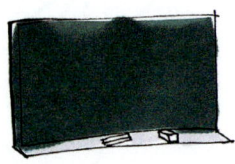

board

Mrs Miller is writing on the board.
Frau Miller schreibt an der Tafel.

5

chalk

She has got a piece of chalk in her hand.
Sie hat ein Stück Kreide in der Hand.

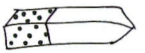

6

map

The map shows Great Britain
and Ireland.
Die Landkarte zeigt Großbritannien
und Irland.

7

classroom

The pupils are in the classroom.
Die Schüler sind im Klassenzimmer.

8

window

Jessica is looking out of the window.
Jessica schaut aus dem Fenster.

9

schoolbag

Her schoolbag is on the floor.
Ihre Schultasche steht auf dem Boden.

10

exercise book/workbook

John's exercise book is on his desk.
Johns Heft ist auf seinem Tisch.

11

pencil

His pencil is on his desk, too.
Sein Bleistift ist auch auf seinem Tisch.

12

rubber

The rubber is new.
Der Radiergummi ist neu.

13

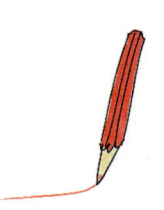

coloured pencil

Susan's coloured pencils are red, blue,
green, yellow, orange, pink and purple.
Susans Buntstifte sind rot, blau, grün,
gelb, orange, rosa und lila.

14

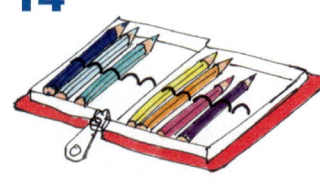

pencil case

Her pencil case is a present from
Grandma.
Ihr Mäppchen ist ein Geschenk von
Oma.

15

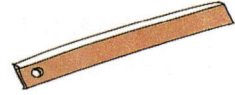

ruler

On Peter's desk there is a ruler.
Auf Peters Tisch liegt ein Lineal.

16

pen

His pen is black.
Sein Füller ist schwarz.

17

felt tip

He has got a felt tip, too.
Er hat auch einen Filzstift.

18

waste-paper basket

The waste-paper basket is empty.
Der Papierkorb ist leer.

19

timetable

The timetable shows the children
what time the lessons start.
Der Stundenplan zeigt den Kindern,
wann die Unterrichtsstunden anfangen.

20

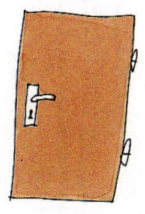

door

Tom opens the door. He is late.
Tom öffnet die Tür. Er kommt zu spät.

1

chimney

A bird is sitting on the chimney.
Ein Vogel sitzt auf dem Schornstein.

2

roof

The roof is on top of the house.
Das Dach befindet sich auf dem Haus.

3

hall

Tibby is sleeping in the hall.
Tibby schläft im Flur.

4

living room

Mr Brown is reading in the living room.
Herr Brown liest im Wohnzimmer.

5

armchair

He is sitting in an armchair.
Er sitzt in einem Sessel.

6

table

The cup is on the table.
Die Tasse steht auf dem Tisch.

7

television/TV

The television is in the living room.
Der Fernseher ist im Wohnzimmer.

8

kitchen

A little mouse is in the kitchen.
Eine kleine Maus ist in der Küche.

9

fridge/refrigerator

Butter and milk are in the fridge.
Butter und Milch sind im Kühlschrank.

10

cooker

The cooker is new.
Der Herd ist neu.

11

cupboard

The cupboard is next to the cooker.
Der Schrank ist neben dem Herd.

12

bedroom
Susan is reading a book in her bedroom.
Susan liest ein Buch in ihrem Schlafzimmer.

13

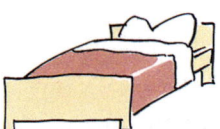

bed

She goes to bed at eight o'clock.
Sie geht um acht Uhr zu Bett.

14

wardrobe

Her clothes are in the wardrobe.
Ihre Kleider sind im Kleiderschrank.

15

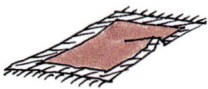

carpet
There is a nice carpet in the parents' bedroom.
Im Schlafzimmer der Eltern ist ein schöner Teppich.

16  **shelves**

There are many books on the shelves.
Im Regal sind viele Bücher.

17  **bathroom**

The bathroom is upstairs.
Das Badezimmer ist oben.

18  **mirror**

The mirror is on the wall.
Der Spiegel ist an der Wand.

19  **shower**

The shower is in the bathroom, too.
Die Dusche ist auch im Badezimmer.

20  **toilet**

Sally is flushing the toilet.
Sally spült die Toilette.

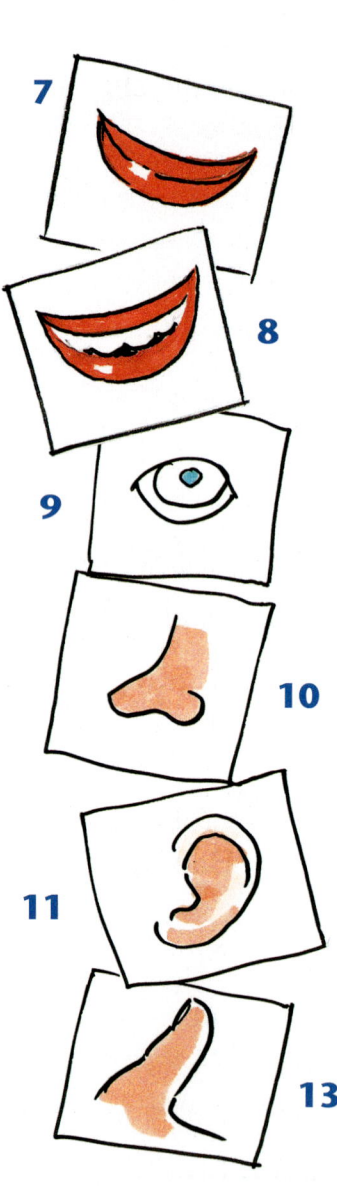

7

8

9

10

11

13

12

15

1

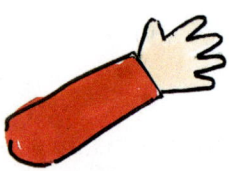

arm

This is the jumping jack's left arm.
Dies ist der linke Arm des Hampelmanns

2

head

He can't turn his head.
Er kann seinen Kopf nicht drehen.

3

neck

He has got a stiff neck.
Er hat einen steifen Hals.

4

hair

His hair is black.
Sein Haar ist schwarz.

5

shoulder

There are small holes in his shoulders.
In seinen Schultern sind kleine Löcher.

6  **face**

His face looks friendly.
Sein Gesicht sieht freundlich aus.

7  **mouth**

His mouth is smiling.
Sein Mund lächelt.

8 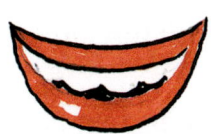 **tooth** *(pl.: teeth)*

He has got white teeth.
Er hat weiße Zähne.

9  **eye**

His eyes are blue.
Seine Augen sind blau.

10  **nose**

He can smell with his nose.
Er kann mit seiner Nase riechen.

11

ear

He has got two ears for hearing.
Er hat zwei Ohren, um zu hören.

12

hand

Tim is cutting out a hand.
Tim schneidet eine Hand aus.

13

thumb

Suddenly he cuts off the jumping jack's thumb.
Plötzlich schneidet er dem Hampelmann den Daumen ab.

14

finger

The jumping jack's left hand has still got five fingers.
Die linke Hand des Hampelmanns hat noch fünf Finger.

15

foot *(pl.: feet)*

This is his right foot.
Dies ist sein rechter Fuß.

16 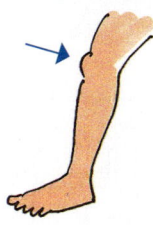 **knee**

He can't bend his knees.
Er kann seine Knie nicht beugen.

17 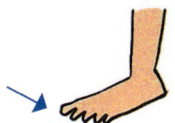 **toe**

He can touch his toes.
Er kann seine Zehen berühren.

18 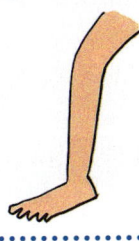 **leg**

He can jump with both legs.
Er kann mit beiden Beinen springen.

19  **back**

Strings are fixed to his back.
An seinem Rücken sind Schnüre
befestigt.

Why do you jump higher than a jumping jack?

Because I can bend my knees!

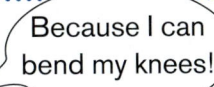

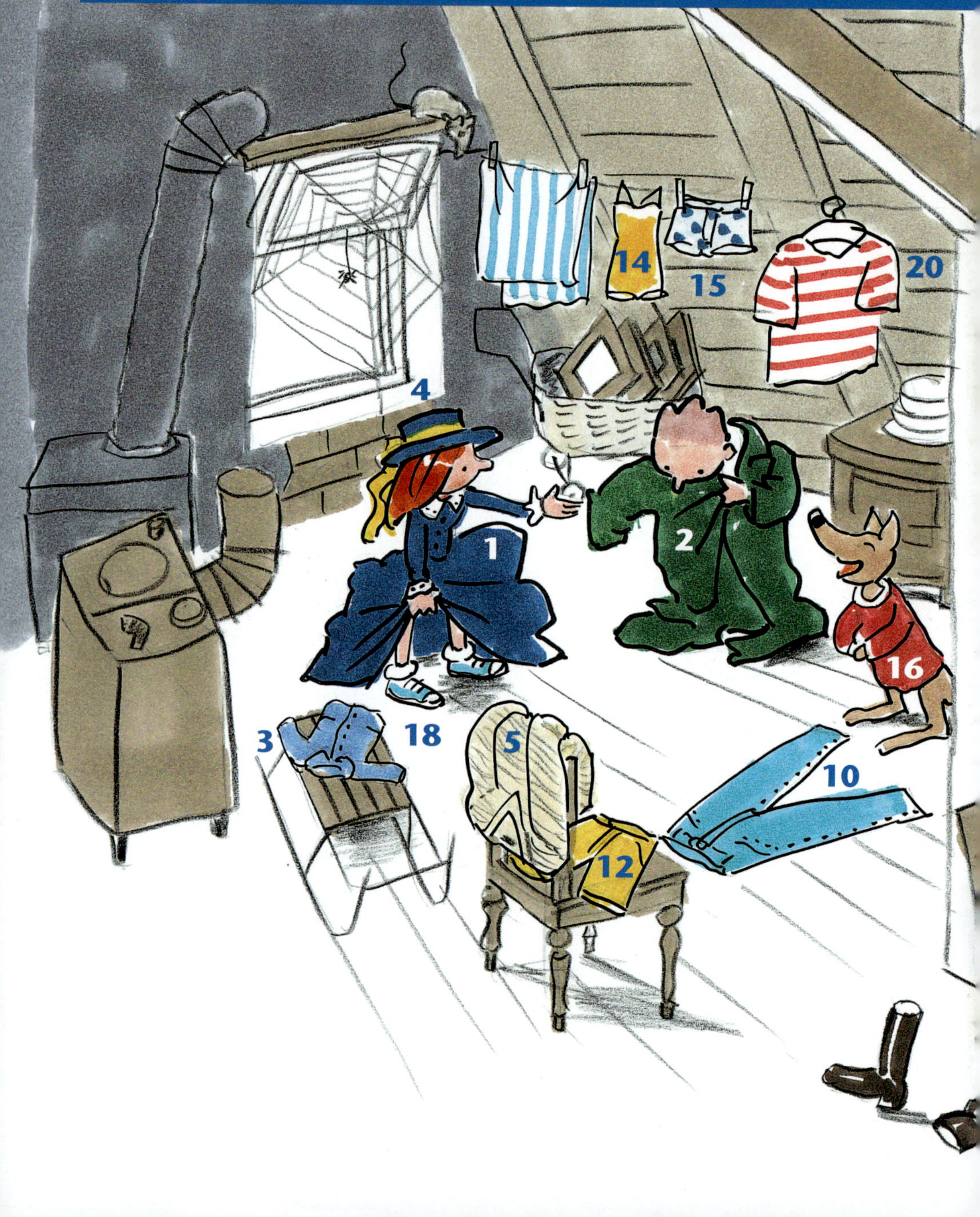
4
14
15
20
1
2
16
3
18
5
10
12

1

dress *(pl.: dresses)*

Susan is wearing grandmother's old dress.
Susan hat Großmutters altes Kleid an.

2

coat

The coat is too big for Tim.
Der Mantel ist zu groß für Tim.

3

jacket

The jacket is too small for Susan.
Die Jacke ist zu klein für Susan.

4

hat

The hat has got yellow ribbons.
Der Hut hat gelbe Bänder.

5

pullover/jumper

The pullover is made of wool.
Der Pullover ist aus Wolle.

6

blouse

The blouse is made of cotton.
Die Bluse ist aus Baumwolle.

7

skirt

The skirt is very old-fashioned.
Der Rock ist sehr altmodisch.

8

(a pair of) trousers

The trousers are very fashionable.
Die Hose ist sehr modisch.

9

shirt

The shirt matches the trousers.
Das Hemd passt zur Hose.

10

(a pair of) jeans

The jeans are lying on the floor.
Die Jeans liegen auf dem Boden.

11

sock

The sock is hanging out of the trunk.
Die Socke hängt aus der Truhe.

12

(a pair of) shorts

Tim wears these shorts in the summer.
Tim trägt diese kurzen Hosen im Sommer.

13

shoe

These shoes belong to Aladdin.
Diese Schuhe gehören Aladin.

14

swimsuit

The swimsuit is hanging on the clothes line.
Der Badeanzug hängt an der Wäsche-leine.

15

(a pair of) swimming trunks

The swimming trunks are blue.
Die Badehose ist blau.

16  **sweatshirt**

Sally is wearing a sweatshirt from Australia.
Sally trägt ein Sweatshirt aus Australien.

17  **tie**

The tie is green.
Die Krawatte ist grün.

18  **(a pair of) trainers**

Susan can run fast with trainers on.
Susan kann mit Turnschuhen schnell laufen.

19  **belt**

The belt is made of leather.
Der Gürtel ist aus Leder.

20  **T-shirt**

The T-shirt has got red stripes.
Das T-Shirt hat rote Streifen.

1
birthday party
(pl.: birthday parties)
Susan's birthday party is on Sunday.
Susans Geburtstagsfeier ist am
Sonntag.

2
cake
There is a big cake on the Browns'
table.
Ein großer Kuchen steht auf dem Tisch
der Familie Brown.

3
candle
There are nine candles on the cake.
Neun Kerzen sind auf dem Kuchen.

4
present
Tim has got a nice present for Susan.
Tim hat ein schönes Geschenk für
Susan.

5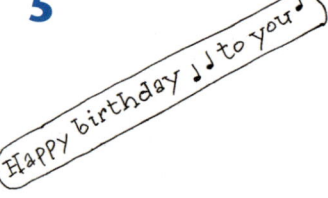
birthday song
The guests are singing a
birthday song.
Die Gäste singen ein Geburtstagslied.

6

balloon

The balloons are red, green, blue and yellow.
Die Luftballons sind rot, grün, blau und gelb.

7

father/dad

Father is eating a piece of cake.
Vater isst ein Stück Kuchen.

8

mother/mum

Mother is drinking a cup of tea.
Mutter trinkt eine Tasse Tee.

Are you going to Susan's birthday party?

Yes, I've got a nice present for her.

9  **grandfather/grandpa**

Grandfather likes hot chocolate.
Großvater mag heiße Schokolade.

10  **grandmother/grandma**

Grandmother is wearing a hat.
Großmutter hat einen Hut auf.

11  **brother**

Tim is Susan's brother.
Tim ist Susans Bruder.

12  **sister**

Susan is Tim's sister.
Susan ist Tims Schwester.

13  **cousin**

John is Susan's cousin.
John ist Susans Cousin.

14

aunt

Aunt Helen is Mrs Brown's sister.
Tante Helen ist Frau Browns
Schwester.

15

uncle

Uncle Bob is Aunt Helen's husband.
Onkel Bob ist der Ehemann von Tante
Helen.

16

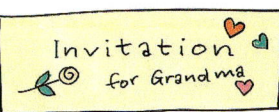

invitation

Grandma's invitation is lying on the
table.
Großmutters Einladung liegt auf dem
Tisch.

1  **friend**

The two girls are friends.
Die beiden Mädchen sind Freunde.

2  **to collect stickers**

Susan and her friend collect stickers.
Susan und ihre Freundin sammeln Aufkleber.

3  **computer game**

Jim's hobby is playing computer games.
Jims Hobby sind Computerspiele.

4 **to watch TV**

Peter is watching TV.
Peter sieht fern.

5  **skipping**

Lucy likes skipping.
Lucy mag Seilspringen.

6

to fight

Toby and Sam are fighting.
Toby and Sam streiten sich.

7

playground

There is a swing and a slide in the playground.
Auf dem Spielplatz gibt es eine Schaukel und eine Rutsche.

8

to be sorry

I'm sorry.
Es tut mir leid.

9

to play the guitar

This boy is playing the guitar.
Dieser Junge spielt Gitarre.

10

to listen to the music

The children are listening to the music.
Die Kinder hören sich die Musik an.

1 ball

The ball is in the ball net.
Der Ball ist im Ballnetz.

2 doll

The doll is sitting on the shelves.
Die Puppe sitzt im Regal.

3 cuddly toy

The cuddly toys are cute.
Die Kuscheltiere sind niedlich.

4 puzzle

Sometimes Tim and Susan make
a picture with puzzle pieces.
Manchmal machen Tim und Susan aus
Puzzle-Teilen ein Bild.

5 dice

Throw the dice!
Du bist dran mit dem Würfeln!

6

computer

Susan is sitting at the computer.
Susan sitzt am Computer.

7

teddy bear

Susan's teddy bear is called Benny.
Susans Teddybär heißt Benny.

8

ship

Tim's ship can sail.
Tims Schiff kann segeln.

9

car

There are lots of cars in the room.
Viele Autos sind im Zimmer.

10

Memory

The game of Memory is a Christmas
present from Aunt Helen.
Das Memory-Spiel ist ein Weihnachts-
geschenk von Tante Helen.

11

board game

Monopoly is a board game.
Monopoly ist ein Brettspiel.

12

building brick

These building bricks are made
of wood.
Diese Bauklötze sind aus Holz.

13

plane

Tim's plane is broken.
Tims Flugzeug ist kaputt.

14

Gameboy

The Gameboy is an electronic game.
Der Gameboy is ein elektronisches
Spielzeug.

15

train

The train runs on rails.
Der Zug fährt auf Schienen.

16

in

The red car is in the drawer.
Das rote Auto ist in der Schublade.

17

at

The racing car is parked at the door.
Das Rennauto parkt an der Tür.

18

behind

The police car is behind the dice.
Das Polizeiauto ist hinter dem Würfel.

19

on

The fire engine is on the floor.
Das Feuerwehrauto steht auf dem Boden.

20

under

The lorry is under the table.
Der Lastwagen ist unter dem Tisch.

1

tennis

Tom and Lucy are playing tennis.
Tom und Lucy spielen Tennis.

2

to cycle

Kitty likes cycling.
Kitty fährt gerne Rad.

3

inline skating

Julian likes inline skating.
Julian mag Inlineskating.

4

cricket

Susan and Tim are playing cricket.
Susan und Tim spielen Cricket.

5

basketball

The children are playing basketball.
Die Kinder spielen Basketball.

6

to dance

Robert and Tracy are dancing together.
Robert und Tracy tanzen zusammen.

7

table tennis

John and Patricia are playing table tennis.
John und Patricia spielen Tischtennis.

8

gymnastics

The pupils are doing gymnastics in the gym.
Die Schüler haben Turnen in der Turnhalle.

9

gym

How many children are in the gym?
Wie viele Kinder sind in der Turnhalle?

10

hockey

Jill and Jack are good at hockey.
Jill und Jack spielen gut Hockey.

11

American football

American football is very popular in the USA.
Football ist sehr beliebt in den USA.

12

golf

Liz is good at golf.
Liz spielt gut Golf.

13

playing field

On the playing field we can run.
Auf dem Sportplatz können wir laufen.

14

rugby

Rugby is a rough game.
Rugby ist ein raues Spiel

15

horse riding

Victoria loves horse riding.
Victoria liebt das Reiten.

16 football/soccer

Many girls like playing football.
Viele Mädchen spielen gerne Fußball.

17 to swim

Lewis is swimming in the lake.
Lewis schwimmt im See.

18 to sail

Sally is sailing in a sailing boat.
Sally segelt mit einem Segelboot.

Which sports do you like?

I like sailing.

1

cat

The cat is sitting on the board.
Die Katze sitzt auf der Tafel.

2

budgie

The budgie is flying through the classroom.
Der Wellensittich fliegt durch das Klassenzimmer.

3

mouse *(pl.: mice)*

The mouse is looking for the cheese.
Die Maus sucht den Käse.

4

tortoise

The tortoise is crawling on the floor.
Die Schildkröte kriecht auf dem Boden herum.

5

hamster

The hamster is nibbling at some flowers.
Der Hamster knabbert an den Blumen.

6 **parrot**

The parrot has got a shiny red beak.
Der Papagei hat einen leuchtend roten
Schnabel.

7 **goldfish** *(pl.: goldfish)*

Susan is trying to catch a goldfish.
Susan versucht, einen Goldfisch
zu fangen.

8 **rabbit**

The rabbit likes carrots.
Das Kaninchen mag Karotten.

Have you
got a pet?

No,
I haven't.

9

rat

The rat has got a very long tail.
Die Ratte hat einen sehr langen Schwanz.

10

dog

The dog is barking: "Bow-wow!"
Der Hund bellt: „Wau, wau!"

11

guinea pig

The guinea pig is lying in the straw.
Das Meerschweinchen liegt im Stroh.

12

frog

The frog is taking a bath in the washbasin.
Der Frosch badet im Waschbecken.

13

basket

The basket belongs to the cat.
Das Körbchen gehört der Katze.

14  **aquarium**

The fish are swimming in the aquarium.
Die Fische schwimmen im Aquarium.

15  **cage**

The door of the cage is open.
Die Tür des Käfigs steht offen.

16  **box** *(pl.: boxes)*

The rat is sitting in front of the box.
Die Ratte sitzt vor der Kiste.

1

16

2

4

3

Cock-a-doodle-doo!

8

9

Oink, oink!

7

6

1

**horse
and foal**

The horse and the young foal are grazing in the field.
Das Pferd und das junge Fohlen grasen auf der Weide.

2

sheep *(pl.: sheep)*
and lamb

The sheep gives us wool and the lamb will give us wool, too.
Das Schaf gibt uns Wolle, und das Lamm wird uns auch Wolle geben.

3

**duck
and duckling**

The duck and the little ducklings are swimming in the pond.
Die Ente und die kleinen Entenküken schwimmen im Teich.

4

goose *(pl.: geese)*
and gosling

The geese are looking for some food for the little goslings.
Die Gänse suchen Futter für die kleinen Gänseküken.

5

dog
and puppy *(pl.: puppies)*

The dog is watching the two little puppies.
Der Hund passt auf die zwei kleinen Welpen auf.

6

pig
and piglet

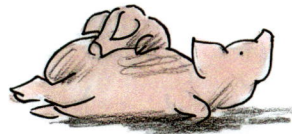

The pigs and the little piglets like playing in the mud.
Die Schweine und die kleinen Ferkel spielen gerne im Schlamm.

7

hen
and chick

The hens are looking for the chicks.
Die Hennen suchen nach den Küken.

8

cock

The cock is crowing: "Cock-a-doodle-doo!"
Der Hahn kräht: „Kikeriki!"

9

chicken

The chickens are running around the farm.
Die Hühner laufen auf dem Bauernhof herum.

10

cow

The cow gives us milk.
Die Kuh gibt uns Milch.

11

donkey

The donkey is carrying the sacks.
Der Esel trägt die Säcke.

12

turkey

The turkey is near the beehive.
Der Truthahn ist in der Nähe des Bienenstocks.

13

bee

The bees live in the beehive and make honey.
Die Bienen wohnen im Bienenstock und machen Honig.

14

rabbit

The rabbits like carrots.
Die Kaninchen mögen Karotten.

15

farmhouse

Uncle Bob and Aunt Helen live in the
farmhouse.
Onkel Bob und Tante Helen wohnen
im Bauernhaus.

16

goat

The goat gives us milk and cheese.
Die Ziege gibt uns Milch und Käse.

17

tractor

The farmer is driving the tractor.
Der Bauer fährt den Traktor.

1

giraffe

The giraffe has got a very long neck.
Die Giraffe hat einen sehr langen Hals.

2

zebra

The zebra looks like a horse with white and black stripes.
Das Zebra sieht aus wie ein Pferd mit weißen und schwarzen Streifen.

3

camel

The camel has got two humps on its back.
Das Kamel hat zwei Höcker auf seinem Rücken.

4

rhino

The rhino has got a horn on its nose.
Das Nashorn hat ein Horn auf der Nase.

5

elephant

Elephants have got large ears and a trunk.
Elefanten haben große Ohren und einen Rüssel.

6

peacock

The peacock has got beautiful feathers.
Der Pfau hat schöne Federn.

7

seal

The zookeeper is feeding the seals with fish.
Der Zoowärter füttert gerade die Seehunde mit Fisch.

8

tiger

The tiger has got yellow fur with black stripes.
Der Tiger hat ein gelbes Fell mit schwarzen Streifen.

9

lion

The lion is the king of the animals.
Der Löwe ist der König der Tiere.

10

monkey

Monkeys are very good at climbing trees.
Affen können gut auf Bäume klettern.

11

crocodile

The crocodile has got sharp teeth.
Das Krokodil hat scharfe Zähne.

12

hippo

Hippos can be very dangerous.
Nilpferde können sehr gefährlich sein.

13

flamingo

Flamingos have got pink feathers.
Flamingos haben rosa Federn.

14

dolphin

Dolphins are very intelligent.
Delfine sind sehr intelligent.

15

parrot

This parrot can say a few words in English.
Dieser Papagei kann ein paar Wörter auf Englisch sagen.

16 snake

Snakes are reptiles.
Schlangen sind Reptilien.

17 penguin

Penguins swim very well but cannot fly.
Pinguine schwimmen sehr gut,
aber können nicht fliegen.

18 polar bear

The polar bear has got thick white fur.
Der Eisbär hat ein dickes weißes Fell.

19 bear

This bear comes from Canada.
Dieser Bär stammt aus Kanada.

20 kangaroo

Sally is a kangaroo.
Sally ist ein Känguru.

1

biscuit

Do you like biscuits?
Magst du Kekse?

2

salt and pepper

Salt and pepper are on the table.
Salz und Pfeffer stehen auf dem Tisch.

3

sugar

Mrs Brown likes sugar in her tea.
Frau Brown mag Zucker in ihrem Tee.

4

coffee

Mr Brown always drinks coffee for breakfast.
Herr Brown trinkt immer Kaffee zum Frühstück.

5

mineral water

There is a bottle of mineral water.
Da steht eine Flasche Mineralwasser.

6

hot chocolate

Tim doesn't like hot chocolate.
Tim mag keine heiße Schokolade.

7

milk

Susan is pouring milk over her cornflakes.
Susan schüttet Milch über ihre Cornflakes.

8

tea

There is black tea in the teapot.
Es ist schwarzer Tee in der Teekanne.

9

ham and eggs *(sg.: egg)*

Mr Brown likes ham and eggs with ketchup.
Herr Brown mag Schinken und Eier mit Ketchup.

10

jam

Tim's favourite jam is strawberry jam.
Tims Lieblings-Marmelade ist Erdbeermarmelade.

11 honey

The honey tastes sweet.
Der Honig schmeckt süß.

12 toast

The toast is in the toaster.
Der Toast ist im Toaster.

13 frying pan

Mrs Brown is frying eggs in
a frying pan.
Frau Brown macht Spiegeleier in
einer Bratpfanne.

14 cake

The cake is baking in the oven.
Der Kuchen backt im Ofen.

15 lemonade

There is some lemonade in the fridge.
Im Kühlschrank steht Limonade.

16 butter

Tim is spreading butter on his toast.
Tim streicht Butter auf seinen Toast.

17 cheese

Susan likes pizza with cheese.
Susan mag Pizza mit Käse.

18 spoon

There is a big spoon in the bowl of yoghurt.
Ein großer Löffel ist in der Schüssel mit Jogurt.

19 fork and knife *(pl.: knives)*

A fork and a knife are next to Mr Brown's plate.
Eine Gabel und ein Messer sind neben Herrn Browns Teller.

20 orange juice

Sally has a bottle of orange juice in her pouch.
Sally hat eine Flasche mit Orangensaft in ihrem Beutel.

BUTCHER'S

SUPERMARKET

FRUIT

VEGETABLES

1

orange

Susan likes oranges very much.
Susan mag sehr gerne Orangen.

2

apple
Mrs Smith sells apples at the
market stall.
Frau Smith verkauft Äpfel am
Marktstand.

3

banana
Mrs Brown buys four bananas at the
market.
Frau Brown kauft vier Bananen auf
dem Markt.

4

pear

Tim doesn't like pears.
Tim mag keine Birnen.

5

fruit *(pl.: fruit)*
Apples, bananas and oranges are
fruit.
Äpfel, Bananen und Orangen sind
Früchte.

6 carrot

Mrs Brown puts the carrots in her basket.
Frau Brown legt die Karotten in ihren Korb.

7 lettuce

She needs some lettuce for dinner.
Sie braucht einen Kopfsalat für das Abendessen.

8 tomato *(pl.: tomatoes)*

The tomatoes are cheap.
Die Tomaten sind günstig.

9 potato *(pl.: potatoes)*

The potatoes are very big today.
Die Kartoffeln sind heute sehr groß.

10 vegetables

Carrots and potatoes are vegetables.
Karotten und Kartoffeln sind Gemüse.

11

(a tin of) beans

Mrs Brown buys a tin of beans at the supermarket.
Frau Brown kauft eine Dose Bohnen im Supermarkt.

12

(a glass of) peas

A glass of peas costs 50 pence.
Ein Glas Erbsen kostet 50 Pence.

13

fish and chips

Tim and Susan want fish and chips for lunch.
Tim und Susan möchten Fisch mit Pommes frites zum Mittagessen.

14

butcher's (shop)

Tim goes to the butcher's (shop).
Tim geht zum Metzger.

15

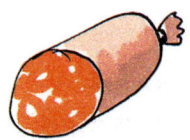

sausage

He buys a big sausage for his grandfather there.
Er kauft dort eine große Wurst für seinen Großvater.

16

newspaper
Mrs Green sells newspapers at the newsagent's.
Frau Green verkauft Zeitungen am Zeitungskiosk.

17

bakery *(pl.: bakeries)*

The bakery is open.
Die Bäckerei hat geöffnet.

18

sandwich *(pl.: sandwiches)*
The Browns buy sandwiches and cake there.
Die Browns kaufen dort belegte Brote und Kuchen.

19

market
Mrs Brown goes to the market every Saturday.
Frau Brown geht jeden Samstag auf den Markt.

20

market stall

The market stall belongs to Mrs Smith.
Der Marktstand gehört Frau Smith.

4

5

I want to be a chimney sweep.

6

8

7

1

secretary *(pl.: secretaries)*

A secretary writes e-mails.
Eine Sekretärin schreibt E-Mails.

2

singer

A singer sings songs.
Eine Sängerin singt Lieder.

3

car mechanic

A car mechanic repairs cars.
Eine Automechanikerin repariert
Autos.

4

postman *(pl.: postmen)*

A postman delivers letters.
Ein Briefträger trägt Briefe aus.

5

fireman *(pl.: firemen)*

A fireman puts out fires.
Ein Feuerwehrmann löscht Feuer.

6

astronaut

An astronaut flies around in a
spaceship.
Ein Astronaut fliegt in einem
Raumschiff.

7

pilot

A pilot flies planes.
Eine Pilotin fliegt Flugzeuge.

8

chimney sweep

A chimney sweep cleans chimneys.
Ein Schornsteinfeger reinigt Schorn-
steine.

9

nurse

A nurse gives you medicine.
Eine Krankenschwester bringt Medizin.

10

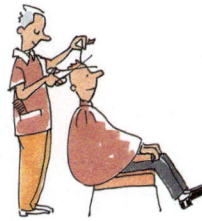

hairdresser

A hairdresser cuts people's hair.
Ein Friseur schneidet den Leuten das
Haar.

Sydney

11

8

Tokyo

7

9 | **Calendar**

Monday
Tuesday
Wednesday
Thursday
Friday
Saturday
Sunday

Hong Kong

6

New Delhi

5

10

New York

1

12 **13** **14**

15 **16** **17**

Caracas

2

Moscow

4

London

3

1

to get up
It's seven o'clock in New York.
Ted is getting up.
Es ist sieben Uhr in New York.
Ted steht auf.

2

to brush one's teeth
It's eight o'clock in Caracas.
Pedro is brushing his teeth.
Es ist acht Uhr in Caracas.
Pedro putzt seine Zähne.

3

to have lunch
It's twelve o'clock in London.
Tim and Susan are having lunch.
Es ist zwölf Uhr in London.
Tim und Susan essen zu Mittag.

4

to do one's homework
It's three o'clock in Moscow.
Vladimir is doing his homework.
Es ist drei Uhr in Moskau.
Vladimir macht seine Hausaufgaben.

5

to have tea
It's half past five in New Delhi.
Tabatha is having tea.
Es ist halb sechs in Neu-Delhi.
Tabatha trinkt Tee.

6

to eat dinner
It's eight o'clock in Hong Kong.
Tai Lin is eating dinner.
Es ist acht Uhr in Hong Kong.
Tai Lin isst zu Abend.

7

to wash one's face
It's nine o'clock in Tokyo.
Yin is washing her face.
Es ist neun Uhr in Tokio.
Yin wäscht ihr Gesicht.

8

to sleep
It's ten o'clock in Sydney.
Sally is sleeping.
Es ist zehn Uhr in Sydney.
Sally schläft.

9

Calendar
Monday
Tuesday
Wednesday
Thursday
Friday
Saturday
Sunday

calendar

The calendar shows the days of the week.
Der Kalender zeigt die Wochentage an.

10

day

During the day the children are awake.
Am Tag sind die Kinder wach.

11

night

The children sleep at night.
Die Kinder schlafen in der Nacht.

12

quarter to

It's quarter to twelve.
Es ist Viertel vor zwölf.

13

o'clock

It's twelve o'clock.
Es ist zwölf Uhr.

14

quarter past

It's quarter past twelve.
Es ist Viertel nach zwölf.

15

half past

It's half past twelve.
Es ist halb eins.

16

a. m.

It's 7 a.m.
Es ist sieben Uhr morgens.

17

p. m.

It's 7 p.m.
Es ist sieben Uhr abends.

March   April   May

9

7

8

30
20
10
0
-10

10

13

12

11

30
20
10
0
-10

August   July   June

1

January
February
March
...

month

The year has got twelve months and four seasons.
Das Jahr hat zwölf Monate und vier Jahreszeiten.

2

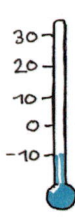

winter

In winter it snows.
Im Winter schneit es.

3

30
20
10
0
-10

cold

In January the weather is cold.
Im Januar ist das Wetter kalt.

4

to ski

Susan can ski.
Susan kann Ski fahren.

5

to sledge

Tim is sledging down a hill.
Tim fährt mit dem Schlitten einen Berg hinunter.

6

snowman *(pl.: snowmen)*

Sally is building a snowman.
Sally baut einen Schneemann.

7

Happy Easter!

spring

In spring Susan and Tim collect Easter eggs.
Im Frühling sammeln Susan und Tim Ostereier.

8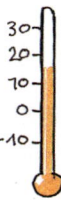

warm

The temperatures are warm.
Die Temperaturen sind warm.

9

cloud

There are clouds in the sky.
Am Himmel sind Wolken.

10

summer

In summer the sun shines.
Im Sommer scheint die Sonne.

11

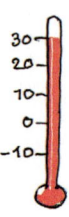

hot
On a hot day Susan likes eating
ice cream.
An einem heißen Tag isst Susan gern
Eis.

12

beach *(pl.: beaches)*

On the beach Susan is building
a sandcastle.
Am Strand baut Susan eine Sandburg.

13

to swim

Tim is swimming in the sea.
Tim schwimmt im Meer.

14

autumn

In autumn the leaves fall off the trees.
Im Herbst fallen die Blätter von den
Bäumen.

15

to rain

Tim needs an umbrella when it rains.
Tim braucht einen Regenschirm,
wenn es regnet.

16

windy

When it's windy the children play with their kites.
Wenn es windig ist, spielen die Kinder mit ihren Drachen.

17

foggy

Sometimes it's foggy.
Manchmal ist es nebelig.

18

to collect conkers

Susan is collecting conkers.
Susan sammelt Kastanien.

What's the weather like?

The weather is nice.

4

3

5

8

Trick
or
treat!

10

1

witch *(pl.: witches)*

A witch is riding on a broom.
Eine Hexe reitet auf einem Besen.

2

bat

A bat is flying around in the moonlight.
Eine Fledermaus fliegt im Mondlicht.

3

ghost

A ghost is in the graveyard.
Ein Gespenst ist auf dem Friedhof.

4

owl

An owl is sitting in the tree.
Eine Eule sitzt auf dem Baum.

5

skeleton

A skeleton is hanging on the tree.
Ein Skelett hängt am Baum.

6 pumpkin

The pumpkin is a jack-o'-lantern and frightens off witches and ghosts.
Der Kürbis ist eine Halloween-Laterne und schreckt Hexen und Geister ab.

7 spider

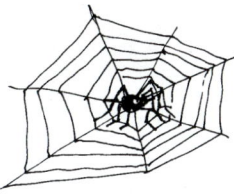

The spider is building a web.
Die Spinne spinnt ein Netz.

8 vampire

A vampire is hiding behind the tree.
Ein Vampir versteckt sich hinter dem Baum.

9 to be haunted

This house is haunted by ghosts.
In diesem Haus spuken Gespenster.

10 Trick or treat!

Tim and Susan are shouting:
"Trick or treat!"
Tim und Susan rufen gerade:
„Süßes oder Saures!"

1  **star**

There are a lot of stars in the sky.
Es gibt viele Sterne am Himmel.

2  **reindeer** *(pl.: reindeer)*
Rudolph, the red-nosed reindeer,
pulls the sleigh.
Rudolph, das Rentier mit der roten
Nase, zieht den Schlitten.

3 **bell**

The bells are jingling.
Die Glocken klingeln.

4  **present**
There are a lot of presents in the
sleigh.
Es sind viele Geschenke auf dem
Schlitten.

5  **Father Christmas/Santa Claus**
Father Christmas climbs down the
chimney.
Der Weihnachtsmann klettert den
Schornstein hinab.

6

stocking
The stockings are hanging at the end of the beds.
Die Strümpfe hängen an den Fußenden der Betten.

7

Christmas tree
The Christmas tree is beautifully decorated.
Der Weihnachtsbaum ist schön geschmückt.

8

angel
There is an angel at the top of the Christmas tree.
An der Spitze des Weihnachtsbaums ist ein Engel.

9

cracker

Inside the cracker there is a crown.
Im Knallbonbon ist eine Krone.

10

candle

There are candles on the window sill.
Es sind Kerzen auf dem Fensterbrett.

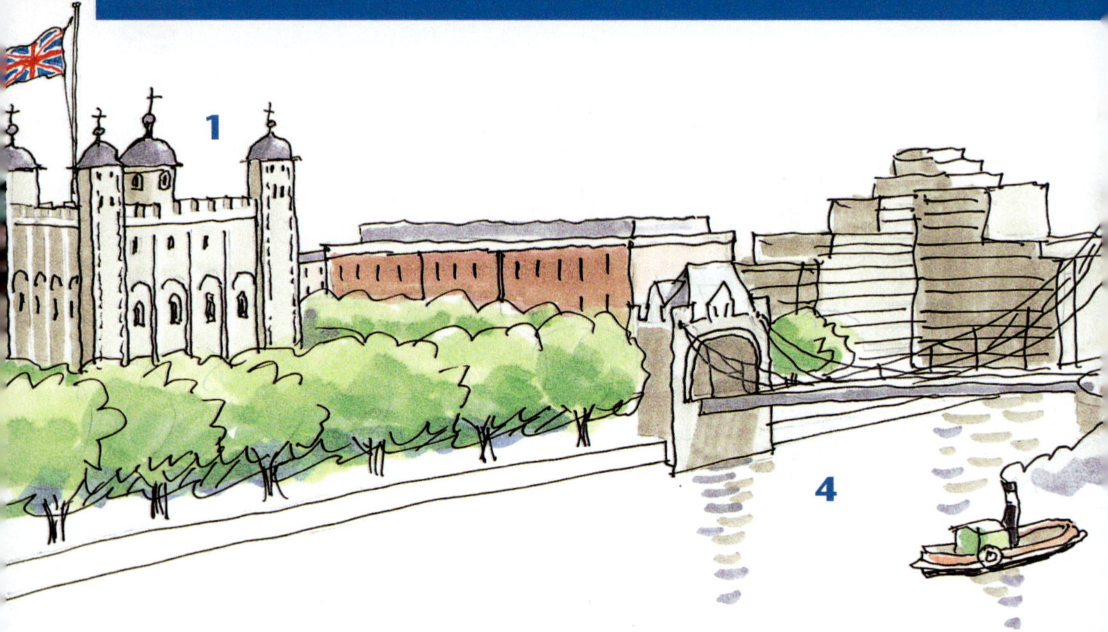
1
4

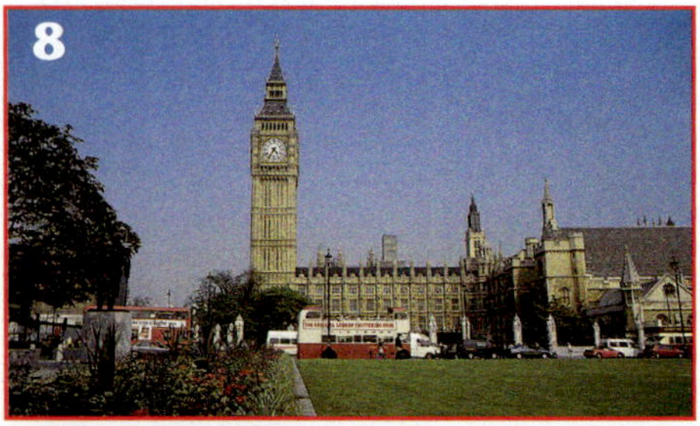
8

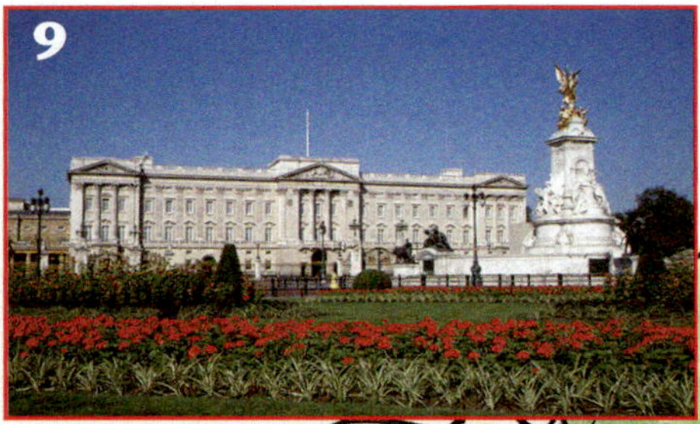
9

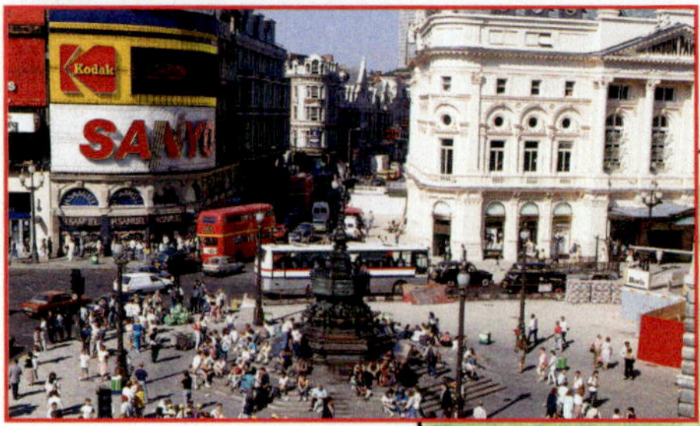
Kodak

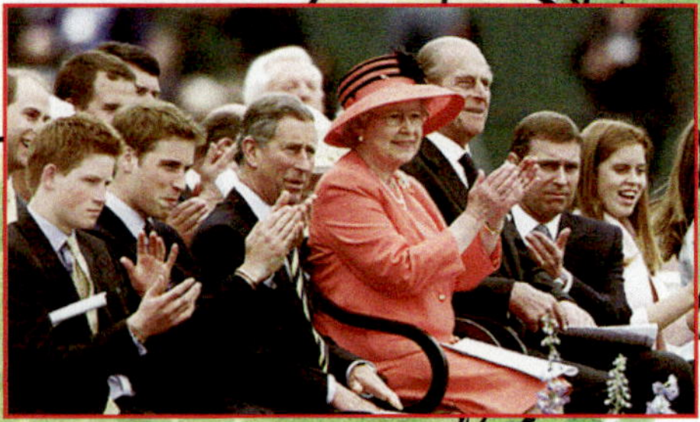

1

Tower of London
We can look at the crown jewels in the
Tower of London.
Wir können uns die Kronjuwelen im
Tower von London anschauen.

2

underground

Many people travel on the
underground.
Viele Leute fahren mit der U-Bahn.

3

Tower Bridge

Tower Bridge is very famous.
Die Tower Bridge ist sehr berühmt.

4

River Thames

We cross the River Thames by boat.
Wir überqueren die Themse mit dem
Schiff.

5

bus *(pl.: buses)*

The bus is arriving.
Der Bus kommt.

6  **policeman** *(pl.: policemen)*

English policemen wear blue uniforms.
Englische Polizisten tragen blaue
Uniformen.

7  **letterbox** *(pl.: letterboxes)*

In England letterboxes are red.
In England sind die Briefkästen rot.

8  **Big Ben**

Big Ben is a big tower.
Big Ben ist ein großer Turm.

9  **Buckingham Palace**

The royal family lives in
Buckingham Palace.
Die königliche Familie lebt im
Buckingham Palace.

9

8

5

4

Belfast

Dublin

Limerick

Ireland **6**

5

Loch Ness

Aberdeen

3

Scotland

4

Edinburgh

Eng-land

1

Manchester

Mt. Snowdon

Nottingham

Wales

Stratford

7

Cardiff

9

Oxford

Bristol

London

8

Stonehenge

Southampton

Plymouth

10

3

2

1

England

Sally is visiting her friends in England.
Sally besucht ihre Freunde in England.

2

Sherlock Holmes

Sherlock Holmes is a famous London detective.
Sherlock Holmes ist ein berühmter Londoner Detektiv.

3

Scotland

In Scotland men sometimes wear a kilt.
In Schottland tragen Männer manchmal einen Kilt.

4

Edinburgh

There is an old castle in Edinburgh.
In Edinburgh steht ein altes Schloss.

5

Loch Ness and Nessie

Nessie is a monster in Loch Ness.
Nessie ist ein Monster im Loch Ness.

6 Ireland

You can see many cows and farms in Ireland.
In Irland kannst du viele Kühe und Bauernhöfe sehen.

7 Wales

Mount Snowdon is the highest mountain in Wales.
Mount Snowdon ist der höchste Berg in Wales.

8 Stonehenge

Stonehenge is about 4000 years old.
Stonehenge ist ungefähr 4000 Jahre alt.

9 William Shakespeare

William Shakespeare was a poet from Stratford.
William Shakespeare war ein Dichter aus Stratford.

10 Robin Hood

Robin Hood lived in Sherwood Forest near Nottingham.
Robin Hood lebte im Sherwood Forest bei Nottingham.

1

the USA:
the United States of America
American

Mike lives in the USA.
Mike lebt in den Vereinigten Staaten von Amerika.
He's American.
Er ist Amerikaner.
He speaks American English.
Er spricht amerikanisches Englisch.

2

Great Britain
British
English

Tim and Susan live in Great Britain.
Tim und Susan leben in Großbritannien.
They're British.
Sie sind Briten.
Do you speak English?
Sprichst du/Sprechen Sie Englisch?

3  **Spain**
Spanish

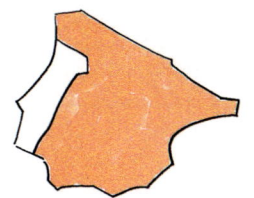

José is from Spain.
José stammt aus Spanien.
He's Spanish.
Er ist Spanier.
He goes to a Spanish school.
Er geht in eine spanische Schule.

4 **France**
French

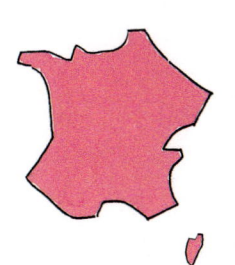

Céline comes from France.
Céline kommt aus Frankreich.
She's French.
Sie ist Französin.
Do you like French food?
Magst du/Mögen Sie französisches
Essen?

5
Italy
Italian

Paolo's home is in Italy.
Paolos Zuhause ist in Italien.
He's Italian.
Er ist Italiener.
What are the colours of the Italian flag?
Welche Farben hat die italienische Fahne?

6
Germany
German

Lena lives in Germany.
Lena lebt in Deutschland.
She's German.
Sie ist Deutsche.
Her nationality is German.
Ihre Nationalität ist deutsch.

7

Turkey
Turkish

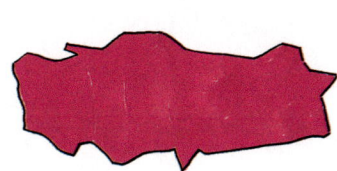

Ebru comes from Turkey.
Ebru kommt aus der Türkei.
She's Turkish.
Sie ist Türkin.
Do you know Turkish sweets?
Kennst du/Kennen Sie türkische
Süßigkeiten?

8

Australia
Australian

Sally, the kangaroo, lives in Australia.
Sally, das Känguru, lebt in Australien.
She's Australian.
Sie ist Australierin.
But she doesn't speak "Australian".
Aber sie spricht kein „Australisch"!

1

magic forest
Susan and Tim are lost in the magic forest.
Susan und Tim haben sich im Zauberwald verlaufen.

2

wizard

The wizard does magic.
Der Zauberer zaubert.

3

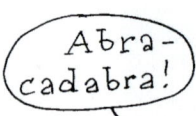

magic spell

He knows lots of magic spells.
Er kennt viele Zaubersprüche.

4

magic wand

The wizard needs a magic wand.
Der Zauberer braucht einen Zauberstab.

5

goblin

The goblin plays evil tricks on people.
Der Kobold spielt den Leuten üble Streiche.

6

witch *(pl.: witches)*
The black witch is bad and the green witch is good.
Die schwarze Hexe ist böse und die grüne Hexe ist gut.

7

fairy *(pl.: fairies)*

The fairy grants wishes.
Die Fee erfüllt Wünsche.

8

dragon

The dragon breathes out fire.
Der Drache speit Feuer.

9

king

The king wears a crown.
Der König trägt eine Krone.

What's your favourite fairy tale?

Cinderella!

10

queen

The queen loves the king.
Die Königin liebt den König.

11

princess *(pl.: princesses)*

The princess lives in a castle.
Die Prinzessin lebt in einem Schloss.

12

knight

The knight rescues the princess.
Der Ritter rettet die Prinzessin.

13

castle

The castle is enchanted.
Das Schloss ist verwunschen.

14

dwarf

Dwarfs are very small.
Zwerge sind sehr klein.

15  **giant**

Giants are very tall.
Riesen sind sehr groß.

16  **mermaid**

A mermaid is half fish and half woman.
Eine Meerjungfrau ist halb Fisch und
halb Frau.

17  **to disappear**

The ghost disappears.
Der Geist verschwindet.

What are they doing?

to sing

to swim

to jump

to look

to run

to walk,
to go

to touch

to lie

to write

to play

What things are like

Where are they hiding?

One, two, three …

one	1
two	2
three	3
four	4
five	5
six	6
seven	7
eight	8
nine	9
ten	10
eleven	11
twelve	12
thirteen	13
fourteen	14
fifteen	15
sixteen	16
seventeen	17
eighteen	18
nineteen	19
twenty	20
twenty-one	21
twenty-two	22
twenty-three	23
twenty-four	24
twenty-five	25
twenty-six	26
twenty-seven	27
twenty-eight	28
twenty-nine	29
thirty	30
forty	40
fifty	50
sixty	60
seventy	70
eighty	80
ninety	90
a/one hundred	100
a/one thousand	1000

First, second, third …

first	1., erste/r
second	2., zweite/r
third	3., dritte/r
fourth	4., vierte/r
fifth	5., fünfte/r
sixth	6., sechste/r
seventh	7., siebte/r
eighth	8., achte/r
ninth	9., neunte/r
tenth	10., zehnte/r

The four seasons

spring
summer
autumn *(BE)*, fall *(AE)*
winter

The months

January
February
March
April
May
June
July
August
September
October
November
December

The days of the week

Monday
Tuesday
Wednesday
Thursday
Friday
Saturday
Sunday

The time

three o'clock
five past three
quarter past three
half past three
quarter to four
ten to four
four o'clock

Special days

Valentine's Day *(14. Februar)*
St Patrick's Day *(17. März, Irland und USA)*
Easter *(Sonntag im März/April)*
Halloween *(31. Oktober)*
Guy Fawkes/Bonfire Night *(5. November, Großbritannien)*
Thanksgiving Day *(vierter Donnerstag im November, USA)*
Christmas Day *(25. Dezember)*
New Year's Eve *(31. Dezember)*

How to say it in English

So kannst du
etwas über dich und
andere Dinge sagen:

This is/That's …
There is …
I've got/I haven't got a …
I can/I can't (sing, dance …)
I'm a …
I'm (singing, dancing …)
I'd like to …
I like/I don't like …

So kannst du
nach etwas fragen:

Who's this? Who is it?
What's this? What is it?
What's your name?
What's the weather like?
What time/colour … is it?
Where is …?
How old are you?
How much/many …?
How much is it?
When is your birthday?

So kannst du jemanden
nach einer bestimmten
Sache fragen:

Have you got a …?
Do you (sing, dance …)?
Are you …?
Is this/Is it …?
Can I have …?
Can you (sing, dance …)?
Do you like …?

So kannst du jemanden
bitten, etwas zu tun:

Let's …   Take …
Come to …   Show me …
Go to …   Give me …

So kannst du kurz antworten:	Yes, I do./No, I don't. Yes, I can./No, I can't. Yes, I have./No, I haven't. Yes, I am./No, I'm not. Yes, it is./No, it isn't.

Diese Artikel (Begleiter) gibt es im Englischen:	**the** dog, **the** banana, **an** elefant, **a** mouse

So kannst du die Mehrzahl bilden:	apple – apple**s**, car – car**s**, sheep – sheep, foot – feet, child – children

Das sind die Formen von to be und to have :	**to be:** I am, you are, he/she/it is, we are, you are, they are **to have:** I have, you have, he/she/it has, we have, you have, they have

Das sind die Pronomen (Fürwörter), die für eine Person stehen:	**I** (ich), **you** (du), **he** (er), **she** (sie), **it** (es), **we** (wir), **you** (ihr), **they** (sie)

Das sind die Pronomen (Fürwörter), die den Besitzer anzeigen:	**my** (mein), **your** (dein), **his** (sein), **her** (ihr), **its** (sein), **our** (unser), **your** (euer), **their** (ihr)

Hier sind Redewendungen,
die du im Unterricht
brauchen kannst!

Good morning!	Guten Morgen!
Please give me …!	Bitte gib mir …!
Thank you!	Danke!
Sorry!	Es tut mir leid!
How are you?	Wie geht es dir?
I'm fine, thanks.	Mir geht es gut! Danke.
Excuse me, please, I've got a question.	Entschuldigung, ich habe eine Frage.
Can you help me, please?	Können Sie mir bitte helfen?
Can I go to the toilet, please?	Kann ich bitte zur Toilette gehen?
Can you say it again, please?	Können Sie das bitte wiederholen?
Is it right/wrong?	Ist das richtig/falsch?
What's ("Katze") in English?	Was heißt („Katze") auf Englisch?
What's ("cat") in German?	Was heißt („cat") auf Deutsch?
Sorry, I don't understand.	Entschuldigung, ich verstehe das nicht.
I'm sorry I'm late.	Es tut mir leid, dass ich mich verspätet habe.
What's for homework?	Was habe ich auf?
Bye!/Goodbye!	Auf Wiedersehen!

Zweiter Teil:
Wörterlisten von A bis Z

A

A

a, an [ə], [ən] ein, eine

a. m. [ˌeɪ ˈem] vormittags

accident ['æksɪdənt] der Unfall

afraid: Angst haben vor
to be afraid of
[bi: əˈfreɪd əv]

Africa ['æfrɪkə] Afrika

afternoon [ˌɑːftəˈnuːn] der Nachmittag

again [əˈgen] wieder

air [eə] die Luft

all [ɔːl] alle, alles; ganz

always ['ɔːlweɪz] immer

ambulance ['æmbjʊləns] der Krankenwagen

America [əˈmerɪkə] Amerika

American [əˈmerɪkən] amerikanisch; der Amerikaner, die Amerikanerin

American football [əˌmerɪkən ˈfʊtbɔːl] Football

angel ['eɪndʒəl] der Engel

angry ['æŋgri] zornig, verärgert

animal ['ænɪml] das Tier

anorak ['ænəræk] der Anorak

to answer ['ɑːnsə] antworten

apple ['æpl] der Apfel

April ['eɪprəl] der April

aquarium [əˈkweərɪəm] das Aquarium

to argue ['ɑːgjuː] streiten

arm [ɑːm] der Arm

armchair ['ɑːmtʃeə] der Sessel

armour ['ɑːmə] die Rüstung

to arrive [əˈraɪv] ankommen

arrow ['ærəʊ] der Pfeil

Asia ['eɪʒə] Asien

to ask [ɑːsk] fragen

astronaut ['æstrənɔːt] der Astronaut

at [æt] an, bei, in, um

attic ['ætɪk] der Dachboden

August ['ɔːgəst] der August

aunt [ɑːnt] die Tante

Australia [ɒsˈtreɪlɪə]   Australien

Australian [ɒsˈtreɪlɪən]   australisch;
der Australier,
die Australierin

Austria [ˈɒstrɪə]   Österreich

autumn [ˈɔːtəm]   der Herbst

B

baby [ˈbeɪbi]
(pl.: babies)   das Baby

back [bæk]   der Rücken;
zurück

bad [bæd]   böse, schlecht

badminton [ˈbædmɪntən]   Badminton,
Federball

bag [bæg]   die Tasche,
die Tüte

bagpipes [ˈbægpaɪps]   der Dudelsack

to bake [beɪk]   backen

baker [ˈbeɪkə]   der Bäcker

bakery [ˈbeɪkəri]
(pl.: bakeries)   die Bäckerei

ball [bɔːl]   der Ball

ballet [ˈbæleɪ]   das Ballett

balloon [bəˈluːn]   der Luftballon

banana [bəˈnɑːnə]   die Banane

to bark [bɑːk]   bellen

barn [bɑːn]   die Scheune

baseball [ˈbeɪsbɔːl]   Baseball

baseball cap [ˈbeɪsbɔːl kæp]   die Baseballmütze

basket [ˈbɑːskɪt]   der Korb,
das Körbchen

basketball [ˈbɑːskɪtbɔːl]   Basketball

bat [bæt]   die Fledermaus;
der Schläger
(Baseball)

to bathe [beɪð]   baden

bathroom [ˈbɑːθruːm]   das Badezimmer

to be [biː]   sein

to be from [biː frɒm]   sein aus,
stammen aus

to be lost [biː ˈlɒst]   sich verlaufen
haben

beach [biːtʃ]   der Strand

beak [biːk]   der Schnabel

bean [biːn]   die Bohne

bear [beə]   der Bär

A

B

B

beard [bɪəd]   der Bart

beautiful ['bju:təfl]   schön

because [bɪ'kɒz]   weil

to become [bɪ'kʌm]   werden

bed [bed]   das Bett

bedroom ['bedru:m]   das Schlafzimmer

bee [bi:]   die Biene

beetle ['bi:tl]   der Käfer

before [bɪ'fɔ:]   vor

to begin [bɪ'gɪn]   anfangen

behind [bɪ'haɪnd]   hinter

Belgium ['beldʒəm]   Belgien

bell [bel]   die Glocke

to belong [bɪ'lɒŋ]   gehören

belt [belt]   der Gürtel

to bend [bend]   beugen

berry ['beri] (pl.: berries)   die Beere

best [best]   beste, bester, bestes; am liebsten

better ['betə]   besser

between [bɪ'twi:n]   zwischen

bicycle ['baɪsɪkl]   das Fahrrad

big [bɪg]   groß

Big Ben [bɪg 'ben]   *Uhrturm des Londoner Parlamentsgebäudes*

bike [baɪk]   das Fahrrad

to bike [baɪk]   radeln

bird [bɜ:d]   der Vogel

biro ['baɪrəʊ]   der Kugelschreiber

birthday ['bɜ:θdeɪ]   der Geburtstag

birthday calender ['bɜ:θdeɪ ˌkæləndə]   der Geburtstagskalender

birthday party ['bɜ:θdeɪ ˌpɑ:ti] (pl.: parties)   die Geburtstagsfeier

birthday song ['bɜ:θdeɪ sɒŋ]   das Geburtstagslied

biscuit ['bɪskɪt]   der Keks

black [blæk]   schwarz

blackboard ['blækbɔ:d]   die Wandtafel, die Tafel

to bloom blühen
[blu:m]

to blossom blühen
['blɒsəm]

blouse [blaʊz] die Bluse

blue [blu:] blau

board [bɔ:d] die Tafel

board game das Brettspiel
['bɔ:d geɪm]

boat [bəʊt] das Boot,
das Schiff

bobby ['bɒbi] Bobby
(pl.: bobbies) *(britischer Polizist)*

body ['bɒdi] der Körper
(pl.: bodies)

book [bʊk] das Buch

bookshelves das Bücherregal
['bʊkʃelvz]

boot [bu:t] der Stiefel

to borrow sich ausleihen
['bɒrəʊ]

bottle ['bɒtl] die Flasche

a bottle of … *eine Flasche …*
[ə ˌbɒtl əv]

bow [bəʊ] der Bogen,
die Schleife

bowl [bəʊl] die Schüssel

box [bɒks] die Kiste
(pl.: boxes)

to box [bɒks] boxen

Boxing Day 2. Weihnachtstag
['bɒksɪŋ deɪ]

boy [bɔɪ] der Junge

boyfriend der Freund
['bɔɪfrend]

bread [bred] das Brot

break [breɪk] die Pause

to break zerbrechen,
[breɪk] kaputt machen

breakfast das Frühstück
['brekfəst]

to breathe atmen
[bri:ð]

bridge [brɪdʒ] die Brücke

to bring [brɪŋ] bringen

British ['brɪtɪʃ] britisch

I'm British. *Ich bin Brite/*
[aɪm 'brɪtɪʃ] *Britin.*

broken gebrochen, kaputt
['brəʊkən]

broom der Besen
[bru:m]

brother der Bruder
['brʌðə]

brown [braʊn] braun

brush [brʌʃ] die Bürste
(pl.: brushes)

to brush [brʌʃ] bürsten, putzen

B

B

C

to brush one's teeth [ˌbrʌʃ wənz 'tiːθ] — *sich die Zähne putzen*

bucket ['bʌkɪt] — der Eimer

Buckingham Palace [ˌbʌkɪŋəm 'pælɪs] — *königlicher Palast in London*

budgie ['bʌdʒi] — der Wellensittich

buffalo ['bʌfələʊ] *(pl.: buffaloes)* — der Büffel

to build [bɪld] — bauen

building brick ['bɪldɪŋ brɪk] — der Bauklotz, der Baustein

bus [bʌs] *(pl.: buses)* — der Bus

bus driver ['bʌs ˌdraɪvə] — der Busfahrer, die Busfahrerin

bus stop ['bʌs stɒp] — die Bushaltestelle

but [bʌt] — aber

butcher ['bʊtʃə] — der Metzger

butcher's (shop) ['bʊtʃəz ʃɒp] — die Metzgerei

butter ['bʌtə] — die Butter

butterfly ['bʌtəflaɪ] *(pl.: butterflies)* — der Schmetterling

button ['bʌtn] — der Knopf

to buy [baɪ] — kaufen

by [baɪ] — an, bei, bis, mit, von

Bye! [baɪ] — Tschüs(s)!

C

cage [keɪdʒ] — der Käfig

cake [keɪk] — der Kuchen

calendar ['kæləndə] — der Kalender

calf [kɑːf] *(pl.: calves)* — das Kalb

to call [kɔːl] — rufen, anrufen

to be called [bi: 'kɔːld] — *heißen*

camel ['kæml] — das Kamel

can [kæn] — können

Canada ['kænədə] — Kanada

candle ['kændl] — die Kerze

candy *(AE)* ['kændi] — die Süßigkeiten

cap [kæp] — die Kappe, die Mütze

capital ['kæpɪtl] — die Hauptstadt

car [kɑː] — das Auto

car mechanic der Automecha-
['kɑː mɪˌkænɪk] niker, die Automechanikerin

card [kɑːd] die Karte

cardigan die Strickjacke
['kɑːdɪɡən]

careful sorgfältig
['keəfʊl]

caretaker der Hausmeister
['keəˌteɪkə]

carol ['kærəl] das Weihnachts-
lied

carpet der Teppich
['kɑːpɪt]

carriage die Kutsche
['kærɪdʒ]

carrot ['kærət] die Karotte,
die Möhre

to carry ['kæri] tragen

cassette die Kassette
[kə'set]

castle ['kɑːsl] das Schloss,
die Burg

cat [kæt] die Katze

to catch [kætʃ] fangen

cave [keɪv] die Höhle

to celebrate feiern
['selɪbreɪt]

cellar ['selə] der Keller

chair [tʃeə] der Stuhl

chalk [tʃɔːk] die Kreide

chance die Möglichkeit,
[tʃɑːns] die Gelegenheit

change das Wechselgeld
[tʃeɪndʒ]

to change (sich) ändern,
[tʃeɪndʒ] (sich) verwandeln

cheap [tʃiːp] billig

checked kariert
[tʃekt]

cheek [tʃiːk] die Wange

cheese [tʃiːz] der Käse

cherry ['tʃeri] die Kirsche
(pl.: cherries)

chess [tʃes] das Schach

chewing gum der Kaugummi
['tʃuːɪŋ ɡʌm]

chick [tʃɪk] das Küken

chicken das Huhn,
['tʃɪkɪn] das Hähnchen

child [tʃaɪld] das Kind
(pl.: children)

children die Kinder
['tʃɪldrən]

children's room das Kinderzimmer
['tʃɪldrənz ruːm]

chimney der Schornstein
['tʃɪmni]

chimney sweep der Schornstein-
['tʃɪmni swiːp] feger

C

chin [tʃɪn]   das Kinn

China [ˈtʃaɪnə]   China

chips [tʃɪps]   die Pommes frites

chip shop [ˈtʃɪp ʃɒp]   der Schnellimbiss, das Imbisslokal

chocolate [ˈtʃɒklət]   die Schokolade

a bar of chocolate [ə ˌbɑː əv ˈtʃɒklət]   *ein Schokoriegel, eine Tafel Schokolade*

Christmas (Xmas) [ˈkrɪsməs]   Weihnachten

Christmas Day [ˌkrɪsməs ˈdeɪ]   1. Weihnachtstag

Christmas Eve [ˌkrɪsməs ˈiːv]   Heiligabend

Christmas tree [ˈkrɪsməs triː]   der Weihnachtsbaum

church [tʃɜːtʃ] *(pl.: churches)*   die Kirche

cinema [ˈsɪnəmə]   das Kino

circle [ˈsɜːkl]   der Kreis

circus [ˈsɜːkəs]   der Zirkus

city [ˈsɪti]   die Stadt

to clap [klæp]   klatschen

Clap your hands! [ˌklæp jɔː ˈhændz]   *Klatscht in die Hände!*

clarinet [ˈklærənet]   die Klarinette

class [klɑːs]   die Klasse

classroom [ˈklɑːsruːm]   das Klassenzimmer

claw [klɔː]   die Kralle

clean [kliːn]   sauber

to clean [kliːn]   reinigen, sauber machen

cleaning lady [ˈkliːnɪŋ ˌleɪdi]   die Putzfrau

to climb [klaɪm]   klettern

clock [klɒk]   die Uhr

It's … o'clock. [ɪts … ə ˈklɒk]   *Es ist … Uhr.*

to close [kləʊz]   schließen, zumachen

closed [kləʊzd]   geschlossen

clothes [kləʊðz]   die Kleidung, die Kleider

clothes hanger [ˈkləʊðz ˌhæŋə]   der Kleiderbügel

clothes line [ˈkləʊðz laɪn]   die Wäscheleine

cloud [klaʊd]   die Wolke

cloudy [ˈklaʊdi]   bewölkt

club [klʌb]   der Verein

coat [kəʊt]   der Mantel

cock [kɒk]   der Hahn

coffee ['kɒfi]   der Kaffee

cola ['kəʊlə]   die Cola

cold [kəʊld]   kalt; die Kälte, der Schnupfen

to have a cold   *Schnupfen haben*
[hæv ə 'kəʊld]

collar ['kɒlə]   der Kragen

to collect   sammeln
[kə'lekt]

colour ['kʌlə]   die Farbe

to colour   anmalen, färben
['kʌlə]

coloured pencil der Buntstift
[ˌkʌləd 'pensl]

comb [kəʊm]   der Kamm

to comb   sich kämmen
[kəʊm]

to come [kʌm]   kommen

to come down   *herunterkommen*
[kʌm 'daʊn]

to come from   *stammen aus,*
['kʌm frɒm]   *kommen aus*

Come in!   *Komm herein!*
[kʌm 'ɪn]

comfortable   bequem
['kʌmftəbl]

to complete   vervollständigen
[kəm'pliːt]

computer   der Computer
[kəm'pjuːtə]

computer game das Computerspiel
[kəm'pjuːtə geɪm]

concert   das Konzert
['kɒnsət]

conker   die Kastanie
['kɒŋkə]

cook [kʊk]   der Koch, die Köchin

to cook [kʊk]   kochen

cooker ['kʊkə]   der Herd

corner ['kɔːnə]   die Ecke

cornflakes   die Cornflakes
['kɔːnfleɪks]

to cost [kɒst]   kosten

costume   die Verkleidung,
['kɒstjuːm]   das Kostüm

cotton ['kɒtn]   die Baumwolle

cough [kɒf]   der Husten

to have a cough   *Husten haben*
[hæv ə 'kɒf]

to count   zählen
[kaʊnt]

country   das Land
['kʌntri]
(pl.: countries)

cousin ['kʌzn]   der Cousin, die Cousine

cow [kaʊ]   die Kuh

C

C

D

coyote [kɔɪˈəʊti]   der Koyote

cracker [ˈkrækə]   das Knallbonbon

crayon [ˈkreɪən]   der Wachsmalstift

crazy [ˈkreɪzi]   verrückt

cricket [ˈkrɪkɪt]   Cricket, Kricket

crisps [krɪsps]   die Chips

to crochet [ˈkrəʊʃeɪ]   häkeln

crocodile [ˈkrɒkədaɪl]   das Krokodil

to cross [krɒs]   überqueren

crossword (puzzle) [ˈkrɒswɜːd ˌpʌzl]   das Kreuzworträtsel

to crow [krəʊ]   krähen

crown [kraʊn]   die Krone

crown jewels [ˌkraʊn ˈdʒuːəlz]   die Kronjuwelen

to cry [kraɪ]   schreien, weinen

to cuddle [ˈkʌdl]   knuddeln, kuscheln

cuddly toy [ˌkʌdli ˈtɔɪ]   das Kuscheltier

cup [kʌp]   die Tasse

cupboard [ˈkʌbəd]   der Schrank

to cut [kʌt]   schneiden

cute [kjuːt]   niedlich

to cycle [ˈsaɪkl]   Fahrrad fahren

D

dad [dæd]   Papa

daffodil [ˈdæfədɪl]   die Osterglocke

daisy [ˈdeɪzi] *(pl.: daisies)*   das Gänseblümchen

dance [dɑːns]   der Tanz

to dance [dɑːns]   tanzen

dangerous [ˈdeɪndʒərəs]   gefährlich

dark [dɑːk]   dunkel; die Dunkelheit

dark green [ˌdɑːk ˈgriːn]   dunkelgrün

date [deɪt]   das Datum

daughter [ˈdɔːtə]   die Tochter

day [deɪ]   der Tag

December [dɪˈsembə]   der Dezember

to decide [dɪˈsaɪd]   entscheiden

deep [diːp]   tief

Denmark [ˈdenmɑːk]   Dänemark

dentist ['dentɪst] — der Zahnarzt, die Zahnärztin

desert ['dezət] — die Wüste

desk [desk] — der Schreibtisch

dice [daɪs] — der Würfel, die Würfel *(Pl.)*

difficult ['dɪfɪkəlt] — schwierig

dining room ['daɪnɪŋ ruːm] — das Esszimmer

dinner ['dɪnə] — das Abendessen

to have dinner [hæv 'dɪnə] — *zu Abend essen*

dirty ['dɜːti] — schmutzig, dreckig

to disappear [ˌdɪsə'pɪə] — verschwinden

to do [duː] — tun, machen

to do arts and crafts [duː ˌɑːts n 'krɑːfts] — *basteln, handarbeiten*

to do magic [duː 'mædʒɪk] — *zaubern*

to do one's homework [ˌduː wʌnz 'həʊmwɜːk] — *Hausaufgaben machen*

doctor ['dɒktə] — der Arzt, die Ärztin

dog [dɒg] — der Hund

doll [dɒl] — die Puppe

dollar ['dɒlə] — der Dollar

dolphin ['dɒlfɪn] — der Delfin

donkey ['dɒŋki] — der Esel

door [dɔː] — die Tür

dot [dɒt] — der Punkt

dotted ['dɒtɪd] — gepunktet

double ['dʌbl] — doppelt

down [daʊn] — hinunter

downstairs [ˌdaʊn'steəz] — unten *(im Haus)*, nach unten

dragon ['drægən] — der Drache

to draw [drɔː] — zeichnen, malen

dream [driːm] — der Traum

to dream [driːm] — träumen

dress [dres] *(pl.: dresses)* — das Kleid

to dress [dres] — (sich) anziehen *(Kleidung)*

to dress up [ˌdres 'ʌp] — *sich verkleiden*

drink [drɪŋk] — das Getränk

to drink [drɪŋk] — trinken

drum [drʌm] — die Trommel

drums [drʌmz] — das Schlagzeug

to dry [draɪ] — trocknen

duck [dʌk] — die Ente

D

D

E

duckling das Entenküken
['dʌklɪŋ]

dust cart das Müllauto
['dʌst kɑːt]

dwarf [dwɔːf] der Zwerg

E

ear [ɪə] das Ohr

early ['ɜːli] früh

earth [ɜːθ] die Erde

east [iːst] der Osten

Easter ['iːstə] Ostern

Easter bunny der Osterhase
['iːstə ˌbʌni]

Easter egg das Osterei
['iːstər eg]

easy ['iːzi] leicht, einfach

to eat [iːt] essen

Edinburgh *Hauptstadt*
['edɪnbərə] *Schottlands*

egg [eg] das Ei

elbow ['elbəʊ] der Ellbogen

electrician der Elektriker,
[ɪˌlek'trɪʃn] die Elektrikerin

elephant der Elefant
['elɪfənt]

empty ['empti] leer

engine die Maschine
['endʒɪn]

engineer der Ingenieur,
[ˌendʒɪ'nɪə] die Ingenieurin

England England
['ɪŋglənd]

English englisch
['ɪŋglɪʃ]

I'm English. *Ich bin Engländer/*
[aɪm 'ɪŋglɪʃ] *Engländerin.*

enough [ɪ'nʌf] genug

to enter ['entə] hineingehen

entrance der Eingang
['entrəns]

envelope der Briefumschlag
['envələʊp]

Europe Europa
['juːrəp]

evening der Abend
['iːvnɪŋ]

everybody jeder, alle
['evriˌbɒdi]

example das Beispiel
[ɪg'zɑːmpl]

Excuse me! Entschuldigung!
[ɪk'skjuːz mi]

exercise book das Heft,
['eksəsaɪz bʊk] das Übungsheft

exit ['eksɪt] der Ausgang

expensive teuer
[ɪk'spensɪv]

eye [aɪ] das Auge

eyebrow   die Augenbraue
['aɪbraʊ]

eyelash   ['aɪlæʃ] die Wimper
(pl.: eyelashes)

F

face   [feɪs]   das Gesicht

fairy   ['feəri]   die Fee
(pl.: fairies)

fairy tale   das Märchen
['feəri teɪl]

fall (AE)   [fɔːl]   der Herbst

to fall   [fɔːl]   fallen, herabfallen

family   die Familie
['fæməli]
(pl.: families)

famous   berühmt
['feɪməs]

far   [fɑː]   weit (entfernt)

fare   [feə]   das Fahrgeld

farm   [fɑːm]   der Bauernhof

farmer   der Bauer,
['fɑːmə]   die Bäuerin

farmhouse   das Bauernhaus
['fɑːmhaʊs]

fashion   ['fæʃn]   die Mode

fashionable   modisch, modern
['fæʃnəbl]

fashion show   die Modenschau
['fæʃn ʃəʊ]

fast   [fɑːst]   schnell

fat   [fæt]   dick, fett

father   ['fɑːðə]   der Vater

Father   der Weihnachts-
Christmas (BE) mann
[ˌfɑːðə 'krɪsməs]

favourite   Lieblings…
['feɪvrət]

fear   [fɪə]   die Angst

feather   ['feðə]   die Feder

February   der Februar
['februəri]

to feed   [fiːd]   füttern

to feel   [fiːl]   (sich) fühlen

feet   [fiːt]   die Füße

felt tip   der Filzstift
['felt tɪp]

fence   [fens]   der Zaun

field   [fiːld]   das Feld

to fight   [faɪt]   kämpfen, streiten

to fill   [fɪl]   füllen

to fill in   [fɪl 'ɪn] ausfüllen

to find   [faɪnd]   finden

fine   [faɪn]   schön

finger   ['fɪŋgə]   der Finger

to finish   fertig machen,
['fɪnɪʃ]   aufhören

E

F

F

Finland ['fɪnlənd] Finnland

fire ['faɪə] das Feuer

fire engine ['faɪər ˌendʒɪn] das Feuerwehrauto

fireman ['faɪəmən] *(pl.: firemen)* der Feuerwehr-mann

first [fɜːst] erste, erster, erstes

fish [fɪʃ] *(pl.: fish)* der Fisch

flag [flæg] die Flagge, die Fahne

flamingo [flə'mɪŋgəʊ] der Flamingo

flashing light [ˌflæʃɪŋ 'laɪt] das Blaulicht

flashlight *(AE)* ['flæʃlaɪt] die Taschenlampe

flat [flæt] die Wohnung

flight [flaɪt] der Flug

floor [flɔː] der Fußboden

flower ['flaʊə] die Blume

to flush [flʌʃ] spülen *(Toilette)*

to fly [flaɪ] fliegen

to fly the kite [ˌflaɪ ðə 'kaɪt] *den Drachen steigen lassen*

foal [fəʊl] das Fohlen

fog [fɒg] der Nebel

foggy ['fɒgi] nebelig

to fold [fəʊld] falten

to follow ['fɒləʊ] folgen

for [fɔː] für

to forget [fə'get] vergessen

food [fuːd] das Essen

foot [fʊt] *(pl.: feet)* der Fuß

football ['fʊtbɔːl] Fußball *(BE)*, Football *(AE)*

forest ['fɒrɪst] der Wald

fork [fɔːk] die Gabel

France [frɑːns] Frankreich

French [frentʃ] französisch

I'm French. [aɪm 'frentʃ] *Ich bin Franzose/ Französin.*

Friday ['fraɪdeɪ] der Freitag

fridge [frɪdʒ] der Kühlschrank

friend [frend] der Freund, die Freundin

friendly ['frendli] freundlich

friendship ['frendʃɪp] die Freundschaft

to frighten ['fraɪtən] (jemanden) erschrecken

to frighten off [ˌfraɪtən ˈɒf]	*abschrecken*	**German** [ˈdʒɜːmən]	deutsch; der/die Deutsche
frog [frɒg]	der Frosch	**Germany** [ˈdʒɜːməni]	Deutschland
from [frɒm]	von, aus	**to get** [get]	bekommen
frost [frɒst]	der Frost, der Raureif	*to get changed* [get ˈtʃeɪndʒd]	*sich umziehen*
frosty [ˈfrɒsti]	frostig	*to get dressed* [get ˈdrest]	*sich anziehen*
fruit [fruːt] *(pl.: fruit)*	die Frucht, das Obst	*to get up* [get ˈʌp]	*aufstehen*
to fry [fraɪ]	braten	**ghost** [gəʊst]	der Geist, das Gespenst
frying pan [ˈfraɪɪŋ pæn]	die Pfanne	**giant** [ˈdʒaɪənt]	der Riese
full [fʊl]	voll	**gingerbread** [ˈdʒɪndʒəbred]	der Pfefferkuchen
fun [fʌn]	der Spaß	**giraffe** [dʒəˈrɑːf]	die Giraffe
funny [ˈfʌni]	lustig, komisch	**girl** [gɜːl]	das Mädchen
fur [fɜː]	das Fell	**girlfriend** [ˈgɜːlfrend]	die Freundin

G

game [geɪm]	das Spiel	**to give** [gɪv]	geben
Gameboy [ˈgeɪmbɔɪ]	der Gameboy	**glass** [glɑːs]	das Glas
garage [ˈgærɑːʒ]	die Garage	*a glass of …* [ə ˌglɑːs əv]	*ein Glas …*
garden [ˈgɑːdn]	der Garten	**glasses, a pair of …** [ˈglɑːsɪz]	die Brille
gardener [ˈgɑːdnə]	der Gärtner, die Gärtnerin	**glove** [glʌv]	der Handschuh
geese [giːs]	die Gänse		

F

G

G

to glue [gluː] kleben

to go [gəʊ] gehen, fahren

to go by [gəʊ 'baɪ] *vorbeigehen, vergehen*

to go by train [gəʊ baɪ 'treɪn] *mit dem Zug fahren*

to go shopping [gəʊ 'ʃɒpɪŋ] *einkaufen gehen*

goal [gəʊl] das Tor

goalkeeper ['gəʊl,kiːpə] der Torwart

goat [gəʊt] die Ziege

goblin ['gɒblɪn] der Gnom, der Kobold

gold [gəʊld] das Gold

goldfish ['gəʊldfɪʃ] *(pl.: goldfish)* der Goldfisch

golf [gɒlf] Golf

good [gʊd] gut

Goodbye! [,gʊd'baɪ] Auf Wiedersehen!

goose [guːs] *(pl.: geese)* die Gans

gosling ['gɒzlɪŋ] das Gänseküken

got: to have got [hæv 'gɒt] haben

grandfather ['grænd,faːðə] der Großvater

grandma ['grænmaː] die Oma

grandmother ['græn,mʌðə] die Großmutter

grandpa ['grænpaː] der Opa

to grant [graːnt] gewähren, erfüllen

grapes [greɪps] die Weintrauben

grass [graːs] das Gras

grassland ['graːslænd] die Steppe

gravestone ['greɪvstəʊn] der Grabstein

graveyard ['greɪvjaːd] der Friedhof

great [greɪt] groß, großartig

Great Britain [,greɪt 'brɪtn] Großbritannien

Greece [griːs] Griechenland

greengrocer ['griːn,grəʊsə] der Obst- und Gemüsehändler

green [griːn] grün

grey [greɪ] grau

to guess [ges] raten

guest [gest] der Gast

guinea pig ['gɪni pɪg] das Meerschweinchen

guitar [gɪ'taː] die Gitarre

gym [dʒɪm] die Turnhalle
(gymnasium)
[dʒɪm'neɪziəm]

gymnastics das Turnen
[dʒɪm'næstɪks]

H

hair [heə] das Haar,
die Haare

hairdresser der Friseur,
['heə,dresə] die Friseurin

hairdryer der Föhn
['heə,draɪə]

half [hɑːf] die Hälfte; halb

half past twelve *halb eins (Uhrzeit)*
[ˌhɑːf pɑːst 'twelv]

hall [hɔːl] der Flur

Halloween Halloween
[ˌhæləʊ'iːn]

ham [hæm] der Schinken

hamburger der Hamburger
['hæm,bɜːgə]

to hammer hämmern
['hæmə]

hamster der Hamster
['hæmstə]

hand [hænd] die Hand

to hang [hæŋ] hängen

to hang up *aufhängen*
[hæŋ 'ʌp]

to happen passieren,
['hæpən] geschehen

happy ['hæpi] glücklich

hat [hæt] der Hut

to hate hassen,
[heɪt] gar nicht mögen

haunted heimgesucht
['hɔːntɪd] (*von Gespenstern*)

to have (got) haben
[hæv 'gɒt]

hay [heɪ] das Heu

he [hiː] er

head [hed] der Kopf

headache der Kopfschmerz
['hedeɪk]

to have a *Kopfschmerzen*
headache *haben*
[hæv ə 'hedeɪk]

to hear [hɪə] hören

Hello! [hə'ləʊ] Hallo!

helmet der Helm
['helmɪt]

to help [help] helfen

hen [hen] das Huhn,
die Henne

henhouse der Hühnerstall
['henhaʊs]

her [hɜː] ihr, sie

herd [hɜːd] die Herde

G
H

H

here [hɪə] hier

Hi! [hai] Hallo!

to hide [haid] verstecken, sich verstecken

high [haɪ] hoch

high jump ['haɪ dʒʌmp] der Hochsprung

hill [hɪl] der Hügel, der Berg

him [hɪm] ihm, ihn

hippo ['hɪpəʊ] das Nilpferd

his [hɪz] sein

hobby ['hɒbi] (pl.: hobbies) das Hobby

hockey ['hɒki] Hockey

hockey stick ['hɒki stɪk] der Hockeyschläger

hole [həʊl] das Loch

holiday ['hɒlədeɪ] der Urlaub, die Ferien

home [həʊm] das Zuhause, das Heim

at home [æt 'həʊm] *zu Hause*

homework ['həʊmwɜːk] die Hausaufgabe(n)

honey ['hʌni] der Honig

horse riding ['hɔːs ˌraɪdɪŋ] das Reiten

horse [hɔːs] das Pferd

hot [hɒt] heiß

hot chocolate [hɒt 'tʃɒklət] die heiße Trinkschokolade

hot dog [ˌhɒt 'dɒg] das/der Hotdog

hour ['aʊə] die Stunde

house [haʊs] das Haus

housewife ['haʊswaɪf] *(pl.: housewives)* die Hausfrau

Houses of Parliament [ˌhaʊzɪz əv 'pɑːləmənt] *Regierungsgebäude in London*

how [haʊ] wie

how many [haʊ 'meni] wie viele

how much [haʊ 'mʌtʃ] wie viel

hump [hʌmp] der Höcker

Hungary ['hʌŋgəri] Ungarn

hungry ['hʌŋgri] hungrig

hurry ['hʌri] die Eile

Hurry up! [ˌhʌri 'ʌp] Beeil dich!

husband ['hʌzbənd] der Ehemann

I

I [aɪ] — ich

ice [aɪs] — das Eis, das gefrorene Wasser

ice cream [ˌaɪs ˈkriːm] — die Eiskrem, das Speiseeis

ice hockey [ˈaɪs ˌhɒki] — Eishockey

to ice-skate [ˈaɪs skeɪt] — Schlittschuh laufen

icy [ˈaɪsi] — vereist

ill [ɪl] — krank

in [ɪn] — in, an

in front of [ɪn ˈfrʌnt əv] — vor

Indian [ˈɪndiən] — der Indianer, die Indianerin; der Inder, die Inderin

inline skating [ˈɪnlaɪn ˌskeɪtɪŋ] — das Inlineskaten

inside [ɪnˈsaɪd] — in, innen, drin

instrument [ˈɪnstrəmənt] — das Instrument

into [ˈɪntuː] — in … hinein

invitation [ˌɪnvɪˈteɪʃn] — die Einladung

Ireland [ˈaɪələnd] — Irland

Irish [ˈaɪrɪʃ] — irisch

it [ɪt] — es, ihm

Italian [ɪˈtæljən] — italienisch; der Italiener, die Italienerin

Italy [ˈɪtəli] — Italien

its [ɪts] — sein

J

jacket [ˈdʒækɪt] die Jacke

jack-o'-lantern [ˌdʒæk ə ˈlæntən] — die Kürbislaterne

jam [dʒæm] — die Marmelade

January [ˈdʒænjuəri] — der Januar

jeans, a pair of … [dʒiːnz] — die Jeans

jelly baby [ˈdʒeli ˌbeɪbi] (pl.: jelly babies) — das Gummibärchen

job [dʒɒb] — die Arbeit

jobless [ˈdʒɒbləs] — arbeitslos

judo [ˈdʒuːdəʊ] — Judo

juice [dʒuːs] — der Saft

July [dʒuˈlaɪ] — der Juli

to jump [dʒʌmp] — springen

I

J

jumper der Pullover
['dʒʌmpə]

jumping jack der Hampelmann
[ˌdʒʌmpɪŋ 'dʒæk]

June [dʒuːn] der Juni

jungle der Dschungel
['dʒʌŋgl]

K

kangaroo das Känguru
[ˌkæŋgə'ruː]

to keep [kiːp] behalten

ketchup das Ketchup
['ketʃəp]

keyboard das Keyboard
['kiːbɔːd]

king [kɪŋ] der König

to kiss [kɪs] küssen

kitchen die Küche
['kɪtʃɪn]

kite [kaɪt] der Drachen

knee [niː] das Knie

knife [naɪf] das Messer
(pl.: knives)

knight [naɪt] der Ritter

to knit [nɪt] stricken

to know [nəʊ] wissen, kennen

L

ladder ['lædə] die Leiter

lake [leɪk] der See

lamb [læm] das Lamm

landscape die Landschaft
['lændskeɪp]

last [lɑːst] letzte, letzter, letztes

late [leɪt] spät

to laugh [lɑːf] lachen

to lead [liːd] führen

leaf [liːf] das Blatt (Baum)
(pl.: leaves)

to learn [lɜːn] lernen

leather ['leðə] das Leder

to leave [liːv] verlassen,
weggehen

left [left] links

leg [leg] das Bein

lemon die Zitrone
['lemən]

lemonade die Limonade
[ˌlemə'neɪd]

leopard der Leopard
['lepəd]

leprechaun der Leprechaun
['leprəkɔːn] (Kobold)

lesson ['lesn] die Unterrichts-
stunde

to let [let] lassen

letter ['letə] der Brief,
der Buchstabe

letterbox der Briefkasten
['letəbɒks]
(pl.: letterboxes)

lettuce ['letɪs] der Kopfsalat

to lie [laɪ] liegen

light [laɪt] das Licht

light green hellgrün
[ˌlaɪt 'griːn]

lightning der Blitz
['laɪtnɪŋ]

like [laɪk] wie

to like [laɪk] mögen

line [laɪn] die Linie

lion ['laɪən] der Löwe

lip [lɪp] die Lippe

to listen [lɪsn] zuhören

to listen to *Musik hören*
(the) music
[ˌlɪsn tʊ 'mjuːzɪk]

little ['lɪtl] klein

to live [lɪv] leben, wohnen

living room das Wohnzimmer
['lɪvɪŋ ruːm]

Loch Ness *See in Schottland,*
[lɒx 'nes] *angeblich von*
„Nessie" bewohnt

lollipop der Lutscher
['lɒlipɒp]

long [lɒŋ] lang

long jump der Weitsprung
['lɒŋ dʒʌmp]

to look (at) hinsehen,
[lʊk] herschauen (zu),
(etwas) ansehen

to look after *sich kümmern um*
[ˌlʊk 'ɑːftə]

to look for *suchen (nach)*
[lʊk fɔː]

lots of, a lot of viele
['lɒts əv], [ə 'lɒt əv]

love [lʌv] die Liebe, herz-
liche Grüße *(Brief)*

to love [lʌv] lieben, sehr mögen

low [ləʊ] niedrig

lunch [lʌntʃ] das Mittagessen

to have lunch *zu Mittag essen*
[hæv 'lʌntʃ]

M

made of aus … (gemacht)
['meɪd əv]

magic forest der Zauberwald
[ˌmædʒɪk 'fɒrɪst]

magic spell der Zauberspruch
[ˌmædʒɪk 'spel]

L

M

M

magic wand der Zauberstab
[ˌmædʒɪk ˈwɒnd]

to make machen, kochen
[meɪk]

to make out of *herstellen aus*
[ˈmeɪk aʊt əv]

man [mæn] der Mann
(pl.: men)

mane [meɪn] die Mähne

many [ˈmeni] viele

map [mæp] die Landkarte

March [mɑːtʃ] der März

to march marschieren
[mɑːtʃ]

market der Markt
[ˈmɑːkɪt]

market stall der Marktstand
[ˈmɑːkɪt stɔːl]

mat [mæt] die Matte

match [mætʃ] das Spiel *(Sport)*
(pl.: matches)

to match passen zu
[mætʃ]

may [meɪ] dürfen

May [meɪ] der Mai

me [miː] mir, mich

meal [miːl] die Mahlzeit

mean [miːn] gemein

meat [miːt] das Fleisch

medicine die Medizin
[ˈmedsn]

to meet [miːt] kennenlernen,
sich begegnen,
treffen

to meet friends *Freunde treffen*
[miːt ˈfrendz]

Memory das Memory
[ˈmeməri] *(Spiel)*

men [men] die Männer

mermaid die Meerjungfrau
[ˈmɜːmeɪd]

Merry Fröhliche
Christmas! Weihnachten!
[ˌmeri ˈkrɪsməs]

mice [maɪs] die Mäuse

midnight die Mitternacht
[ˈmɪdnaɪt]

milk [mɪlk] die Milch

to milk [mɪlk] melken

mince pie *gefüllte süße*
[mɪns ˈpaɪ] *Pastete*

mind: Macht nichts!
Never mind!
[ˌnevə ˈmaɪnd]

mineral water das Mineralwasser
[ˈmɪnrəl ˌwɔːtə]

minute [ˈmɪnɪt] die Minute

mirror [ˈmɪrə] der Spiegel

missing fehlend
[ˈmɪsɪŋ]

mistletoe der Mistelzweig
['mɪsltəʊ]

mitten ['mɪtn] der Fausthand-
schuh

moment der Augenblick
['məʊmənt]

at the moment *im Augenblick*
[ˌæt ðə 'məʊmənt]

Monday der Montag
['mʌndeɪ]

money ['mʌni] das Geld

monkey der Affe
['mʌŋki]

monster das Ungeheuer
['mɒnstə]

month der Monat
[mʌnθ]

moon [muːn] der Mond

more [mɔː] mehr

morning der Morgen
['mɔːnɪŋ]

mother die Mutter
['mʌðə]

mountain der Berg
['maʊntɪn]

mountain bike das Mountainbike
['maʊntɪn baɪk]

mouse [maʊs] die Maus
(pl.: mice)

mouth der Mund
[maʊθ]

to move bewegen,
[muːv] sich bewegen

Mr ['mɪstə] Herr …

Mrs, Ms Frau …
['mɪsɪz], [mɪz]

much [mʌtʃ] viel

mud [mʌd] der Schlamm,
der Matsch

mum [mʌm] die Mama

mushroom der Pilz
['mʌʃrʊm]

musical das Musical
['mjuːzɪkl]

must [mʌst] müssen

my [maɪ] mein

N

name [neɪm] der Name

nanny ['næni] das Kinder-
(pl.: nannies) mädchen

nationality die Nationalität
[ˌnæʃə'næləti]
(pl.: nationalities)

near [nɪə] nah, in der Nähe

neck [nek] der Hals

to need [niːd] brauchen

neighbourhood die Nachbar-
['neɪbəhʊd] schaft

M

N

N

O

the Netherlands die Niederlande
[ðə 'neðələndz]

never ['nevə] nie, niemals

new [njuː] neu

New Year Neujahr,
[ˌnjuː 'jɪə] das neue Jahr

New Year's Eve Silvesterabend
[ˌnjuː jɪəz 'iːv]

New Zealand Neuseeland
[njuː 'ziːlənd]

newspaper die Zeitung
['njuːzˌpeɪpə]

next [nekst] nächste, nächster,
nächstes

next to neben
['nekst tʊ]

to nibble knabbern
['nɪbl]

nice [naɪs] nett, schön, gut

night [naɪt] die Nacht

no [nəʊ] nein

north [nɔːθ] der Norden

Northern Nordirland
Ireland
[ˌnɔːðən 'aɪələnd]

North Pole der Nordpol
[ˌnɔːθ 'pəʊl]

Norway Norwegen
['nɔːweɪ]

nose [nəʊz] die Nase

not [nɒt] nicht

nothing nichts
['nʌθɪŋ]

November der November
[nəʊ'vembə]

number die Zahl
['nʌmbə]

nurse [nɜːs] die Krankenschwester

nut [nʌt] die Nuss

O

o'clock: um … Uhr
at … o'clock
[ə'klɒk]

ocean ['əʊʃn] der Ozean

October der Oktober
[ɒk'təʊbə]

old [əʊld] alt

old-fashioned altmodisch
[ˌəʊld 'fæʃnd]

on [ɒn] auf, an, in, über

only ['əʊnli] nur

to open öffnen, aufmachen
['əʊpən]

opposite gegenüber
['ɒpəzɪt]

orange orange;
['ɒrɪndʒ] die Orange

orange juice der Orangensaft
['ɒrɪndʒ dʒuːs]

our ['aʊə] unser

out [aʊt] aus … heraus

outside außen, draußen
[ˌaʊt 'saɪd]

oven ['ʌvən] der Backofen

over ['əʊvə] über

owl [aʊl] die Eule

P

p. m. [ˌpiː 'em] nachmittags

packet ['pækɪt] das Päckchen

a packet of … *ein Päckchen …*
[ə ˌpækɪt əv]

page [peɪdʒ] die Seite

to paint [peɪnt] malen, anmalen

paint brush der Pinsel
['peɪnt brʌʃ]

pair [peə] das Paar

a pair of … *ein Paar …*
[ə ˌpeər əv]

pancake der Pfannkuchen
['pæŋkeɪk]

panda der Pandabär
['pændə]

parcel das Paket,
['pɑːsl] das Päckchen

parents die Eltern
['peərənts]

park der Park
[pɑːk]

parrot ['pærət] der Papagei

part [pɑːt] der Teil

to pass (by) vorbeigehen (an),
[pɑːs] vorbeifahren (an)

Pass the butter, *Reich mir bitte die*
please! *Butter!*
[ˌpɑːs ðə 'bʌtə ˌpliːz]

to pay [peɪ] bezahlen

pea [piː] die Erbse

peacock der Pfau
['piːkɒk]

pear [peə] die Birne

pen [pen] der Füller

pence [pens] die Pence *(Geld)*

pencil ['pensl] der Bleistift

pencil case das Mäppchen,
['pensl keɪs] das Feder-
mäppchen

pencil der Spitzer
sharpener
['pensl ˌʃɑːpnə]

penfriend der Brieffreund,
['penfrend] die Brieffreundin

penguin der Pinguin
['peŋgwɪn]

P

penny ['peni] der Penny *(Geld)*
(pl.: pence)

people die Leute,
['pi:pl] die Menschen

pepper ['pepə] der Pfeffer

pet [pet] das Haustier

to pet [pet] streicheln, liebkosen

petshop die Tierhandlung,
['petʃɒp] das Tiergeschäft

piano das Klavier
[pi'ænəʊ]

Piccadilly *berühmter Platz*
Circus *in London*
[ˌpɪkədɪli 'sɜ:kəs]

to pick [pɪk] pflücken

to pick up *aufheben,*
[pik 'ʌp] *aufsammeln*

picture das Bild
['pɪktʃə]

picture story die Bildgeschichte
['pɪktʃə ˌstɔ:ri]

piece [pi:s] das Stück

a piece of … *ein Stück …*
[ə ˌpi:s əv]

pig [pɪg] das Schwein

piglet ['pɪglət] das Ferkel

pilot ['paɪlət] der Pilot, die Pilotin

pineapple die Ananas
['paɪnˌæpl]

pine cone der Kiefernzapfen
['paɪn kəʊn]

pink [pɪŋk] pink, rosa

pizza ['pi:tsə] die Pizza

place [pleɪs] der Platz, der Ort

plane [pleɪn] das Flugzeug

to plant pflanzen
[plɑ:nt]

plaster das Pflaster,
['plɑ:stə] der Gips

plastic das Plastik
['plæstɪk]

plate [pleɪt] der Teller

to play [pleɪ] spielen

to play *am Computer*
computer *spielen*
games
[ˌpleɪ kəm'pju:tə geɪmz]

to play the guitar *Gitarre spielen*
[ˌpleɪ ðə gɪ'tɑ:]

player ['pleɪə] der Spieler,
die Spielerin

playground der Spielplatz
['pleɪgraʊnd]

playing field das Spielfeld,
['pleɪɪŋ fi:ld] der Sportplatz

please [pli:z] bitte

pleased erfreut
[pli:zd]

plum [plʌm] die Pflaume

Poland ['pəʊlənd] — Polen

polar bear [ˌpəʊlə 'beə] — der Eisbär

police [pə'liːs] — die Polizei

police car [pə'liːs kɑː] — das Polizeiauto

policeman [pə'liːsmən] (pl.: policemen) — der Polizist

pond [pɒnd] — der Teich

poor [pʊə] — arm

popcorn ['pɒpkɔːn] — das Popcorn

popular [pɒpjʊlə] — beliebt

Portugal ['pɔːtʃʊgl] — Portugal

postman ['pəʊstmən] (pl.: postmen) — der Briefträger

pot [pɒt] — der Topf

potato [pə'teɪtəʊ] (pl.: potatoes) — die Kartoffel

pound [paʊnd] — das Pfund

a pound of … [ə ˌpaʊnd əv] — *ein Pfund …*

to pour [pɔː] — schütten

prairie ['preəri] — die Prärie

to prepare [prɪ'peə] — vorbereiten, zubereiten

present ['preznt] — das Geschenk

price [praɪs] — der Preis

prince [prɪns] — der Prinz

princess [prɪn'ses] (pl.: princesses) — die Prinzessin

to promise ['prɒmɪs] — versprechen

to pull [pʊl] — ziehen

pullover ['pʊləʊvə] — der Pullover

pumpkin ['pʌmpkɪn] — der Kürbis

pupil ['pjuːpl] — der Schüler, die Schülerin

puppy ['pʌpi] (pl.: puppies) — der Welpe, der junge Hund

purple ['pɜːpl] — lila, purpurrot

to push [pʊʃ] — schieben, stoßen

to put [pʊt] — setzen, stellen, legen

to put on [pʊt 'ɒn] — *anziehen (Kleidung)*

to put out the fire [pʊt ˌaʊt ðə 'faɪə] — *das Feuer löschen*

puzzle ['pʌzl] — das Puzzle

P

Qu

quarter das Viertel
[kwɔːtə]

quarter past *Viertel nach eins*
one *(Uhrzeit)*
[ˌkwɔːtə pɑːst ˈwʌn]

quarter to one *Viertel vor eins*
[ˌkwɔːtə tʊ ˈwʌn] *(Uhrzeit)*

queen die Königin
[kwiːn]

question die Frage
[ˈkwestʃən]

queue [kjuː] die Schlange
(beim Anstehen)

quiet [ˈkwaɪət] ruhig

R

rabbit [ˈræbɪt] das Kaninchen

racing car der Rennwagen,
[ˈreɪsɪŋ kɑː] das Rennauto

rain [reɪn] der Regen

to rain [reɪn] regnen

rainbow der Regenbogen
[ˈreɪnbəʊ]

raincoat der Regenmantel
[ˈreɪnkəʊt]

rainy [ˈreɪni] regnerisch

rat [ræt] die Ratte

to read [riːd] lesen

ready [ˈredi] fertig

Ready! Steady! *Auf die Plätze!*
Go! *Fertig! Los!*
[ˌredi ˌstedi ˈgəʊ]

recorder die Blockflöte
[rɪˈkɔːdə]

red [red] rot

referee der Schiedsrichter,
[ˌrefəˈriː] die Schieds-
richterin

refrigerator der Kühlschrank
[rɪˈfrɪdʒəreɪtə]

reindeer das Rentier
[ˈreɪndɪə]
(pl.: reindeer)

to remember sich erinnern
[rɪˈmembə]

to repair reparieren
[rɪˈpeə]

to repeat wiederholen
[rɪˈpiːt]

to rescue retten
[ˈreskjuː]

rhino [ˈraɪnəʊ] das Nashorn

ribbon das Band,
[ˈrɪbən] die Schleife

rich [rɪtʃ] reich

to ride (a bike) (Rad) fahren,
[raɪd] reiten

riding [ˈraɪdɪŋ] das Reiten

right [raɪt] rechts, richtig

river ['rɪvə]	der Fluss	
road [rəʊd]	die Straße, der Weg	
rock [rɒk]	der Stein, der Felsen	
roll [rəʊl]	das Brötchen	
to roll [rəʊl]	rollen, wälzen	
roller skate ['rəʊlə skeɪt]	der Rollschuh	
roof [ruːf]	das Dach	
room [ruːm]	das Zimmer	
rooster *(AE)* ['ruːstə]	der Hahn	
rope [rəʊp]	das Seil	
rose [rəʊz]	die Rose	
to row [rəʊ]	rudern	
royal family [ˌrɔɪəl 'fæmli]	die königliche Familie	
rubber ['rʌbə]	der Radiergummi	
rubbish ['rʌbɪʃ]	der Müll, der Abfall	
rugby ['rʌgbi]	Rugby	
ruler ['ruːlə]	das Lineal	
run [rʌn]	der Lauf	
to run [rʌn]	laufen	
Russia ['rʌʃə]	Russland	

S

sad [sæd]	traurig
safe [seɪf]	sicher
to sail [seɪl]	segeln
Saint Paul's Cathedral [sən ˌpɔːlz kə'θiːdrəl]	*Paulskathedrale in London*
salt [sɔːlt]	das Salz
same [seɪm]	derselbe, dieselbe, dasselbe
sandcastle ['sænd,kaːsl]	die Sandburg
sandpit ['sændpɪt]	der Sandkasten
sandwich ['sænwɪdʒ]	das belegte Brot
Santa Claus *(AE)* ['sæntə klɔːz]	der Weihnachtsmann, der Nikolaus
Saturday ['sætədeɪ]	der Samstag
sausage ['sɒsɪdʒ]	die Wurst, das Würstchen
to saw [sɔː]	sägen
to say [seɪ]	sagen
to be scared [biː 'skeəd]	Angst haben
scarf [skaːf] *(pl.: scarves)*	Schal

R

S

S

scary ['skeəri]   unheimlich, gruselig

school [sku:l]   die Schule

at school [æt 'sku:l]   *in der Schule*

school uniform [ˌsku:l 'ju:nɪfɔ:m]   die Schuluniform

schoolbag ['sku:lbæg]   die Schultasche

scissors, a pair of … ['sɪzəz]   die Schere

Scotland ['skɒtlənd]   Schottland

Scottish ['skɒtɪʃ]   schottisch

sea [si:]   das Meer, die See

seaside ['si:saɪd]   der Strand, die Küste

seal [si:l]   der Seehund

to search [sɜ:tʃ]   suchen

season ['si:zn]   die Jahreszeit

second ['sekənd]   die Sekunde; zweite, zweiter, zweites

secret ['si:krɪt]   geheim, heimlich

secretary ['sekrətri] *(pl.: secretaries)*   der Sekretär, die Sekretärin

to see [si:]   sehen

to seek [si:k]   suchen

seesaw ['si:sɔ:]   die Wippe

to sell [sel]   verkaufen

to send [send]   schicken

sense [sens]   der Sinn

sentence ['sentəns]   der Satz

September [sep'tembə]   der September

shadow ['ʃædəʊ]   der Schatten

Shakespeare ['ʃeɪkspɪə]   *berühmter englischer Dichter*

shampoo [ʃæm'pu:]   das Shampoo

she [ʃi:]   sie

to shear [ʃɪə]   scheren

sheep [ʃi:p] *(pl.: sheep)*   das Schaf

shelves [ʃelvz]   das Regal

to shine [ʃaɪn]   scheinen

ship [ʃɪp]   das Schiff

shirt [ʃɜ:t]   das Hemd

shoe [ʃuː]   der Schuh

shoelace   der Schnürsenkel
['ʃuːleɪs]

shop   das Geschäft,
[ʃɒp]   der Laden

shop assistant   der Verkäufer,
['ʃɒp ə,sɪstənt]   die Verkäuferin

shopping centre   das Einkaufs-
['ʃɒpɪŋ ,sentə]   zentrum

short [ʃɔːt]   kurz

shorts, a pair of …   die kurze Hose
[ʃɔːts]

shoulder   die Schulter
['ʃəʊldə]

to shout [ʃaʊt]   rufen

to show [ʃəʊ]   zeigen

shower ['ʃaʊə]   die Dusche

to have a shower   duschen
[hæv ə 'ʃaʊə]

to shut [ʃʌt]   schließen,
   zumachen

sick [sɪk]   krank

sight [saɪt]   die Sehens-
   würdigkeit

sightseeing tour   die Besichtigungs-
['saɪtsiːɪŋ ,tʊə]   rundfahrt

sign [saɪn]   das Schild

silent ['saɪlənt]   still, ruhig

to sing [sɪŋ]   singen

singer ['sɪŋə]   der Sänger,
   die Sängerin

sister ['sɪstə]   die Schwester

to sit [sɪt]   sitzen

to sit down   *sich hinsetzen*
[sɪt 'daʊn]

size [saɪz]   die Größe

skate [skeɪt]   der Schlittschuh

skateboard   das Skateboard
['skeɪtbɔːd]

skeleton   das Skelett
['skelɪtən]

ski [skiː]   der Ski

to ski [skiː]   Ski fahren

skin [skɪn]   die Haut

to skip [skɪp]   springen,
   seilspringen

skipping   das Seilspringen
['skɪpɪŋ]

skirt [skɜːt]   der Rock

sky [skaɪ]   der Himmel
(pl.: skies)

sledge [sledʒ]   der Schlitten

to sledge   Schlitten fahren
[sledʒ]

to sleep [sliːp]   schlafen

sleeve [sliːv]   der Ärmel

S

S

sleigh [sleɪ]   der (Pferde-) Schlitten

slide [slaɪd]   die Rutsche

to slide [slaɪd]   rutschen

slow [sləʊ]   langsam

small [smɔ:l]   klein

to smell [smel]   riechen

snake [sneɪk]   die Schlange

snow [snəʊ]   der Schnee

to snow [snəʊ]   schneien

snowball ['snəʊbɔ:l]   der Schneeball

snowdrop ['snəʊdrɒp]   das Schnee-glöckchen

snowflake ['snəʊfleɪk]   die Schneeflocke

snowman ['snəʊmæn] (pl.: snowmen)   der Schneemann

snowy ['snəʊi]   verschneit

soap [səʊp]   die Seife

soccer (AE) ['sɒkə]   Fußball

sock [sɒk]   die Socke

sofa ['səʊfə]   das Sofa

soft [sɒft]   weich

soldier ['səʊldʒə]   der Soldat

some [sʌm]   ein paar

son [sʌn]   der Sohn

song [sɒŋ]   das Lied

sore throat [ˌsɔ: 'θrəʊt]   die Hals-schmerzen

Sorry!, I'm sorry! ['sɒri], [aɪm 'sɒri]   Es tut mir leid!

south [saʊθ]   der Süden

spaceship ['speɪsʃɪp]   das Raumschiff

Spain [speɪn]   Spanien

Spanish ['spænɪʃ]   spanisch

I'm Spanish. [aɪm 'spænɪʃ]   *Ich bin Spanier/ Spanierin.*

to speak [spi:k]   sprechen, reden

special ['speʃl]   besondere, besonderer, besonderes

spider ['spaɪdə]   die Spinne

to spit [spɪt]   spucken

spooky ['spu:ki]   gespenstisch

spoon [spu:n]   der Löffel

sport [spɔ:t]   der Sport

spot [spɒt]   der Fleck

to spread [spred]   streichen, verteilen

spring [sprɪŋ]   der Frühling

square [skweə] das Viereck

squirrel ['skwɪrəl] das Eichhörnchen

stable ['steɪbl] der Stall

stadium ['steɪdiəm] das Stadion

stairs [steəz] die Treppe

stall [stɔːl] der Stand

stamp [stæmp] die Briefmarke

to stand [stænd] stehen

to stand up [stænd 'ʌp] *aufstehen*

star [stɑː] der Stern

to stay [steɪ] bleiben, übernachten

stick [stɪk] der Stock

sticker ['stɪkə] der Aufkleber

to stir [stɜː] rühren

stocking ['stɒkɪŋ] der Strumpf

stomach ['stʌmək] der Magen

stomach-ache ['stʌmək eɪk] die Bauchschmerzen

Stonehenge [ˌstəʊn'hendʒ] *Steinkreis bei Salisbury, ca. 4000 bis 5000 Jahre alt*

to stop [stɒp] anhalten, stehen bleiben, aufhören

storm [stɔːm] der Sturm

story ['stɔːri] *(pl.: stories)* die Geschichte

straight on [streɪt 'ɒn] geradeaus

strawberry ['strɔːbəri] *(pl.: strawberries)* die Erdbeere

street [striːt] die Straße

strike [straɪk] schlagen *(Uhr)*

string [strɪŋ] die Schnur

stripe [straɪp] der Streifen

striped [straɪpt] gestreift

to stroke [strəʊk] streicheln

stupid ['stjuːpɪd] dumm

suddenly ['sʌdnli] plötzlich

sugar ['ʃʊgə] der Zucker

suitcase ['suːtkeɪs] der Koffer

summer ['sʌmə] der Sommer

sun [sʌn] die Sonne

Sunday ['sʌndeɪ] der Sonntag

S

S

T

sunglasses, a pair of ... ['sʌnˌglɑːsɪz] — die Sonnenbrille

sunny ['sʌni] — sonnig

supermarket ['suːpəˌmɑːkɪt] — der Supermarkt

sweatshirt ['swetʃɜːt] — das Sweatshirt, der Baumwollpullover

Sweden ['swiːdn] — Schweden

sweets *(BE)* [swiːts] — die Süßigkeiten

to swim [swɪm] — schwimmen

swimming ['swɪmɪŋ] — das Schwimmen

swimming pool ['swɪmɪŋ puːl] — das Schwimmbad

swimming trunks ['swɪmɪŋ trʌŋks] — die Badehose

swimsuit ['swɪmsuːt] — der Badeanzug

swing [swɪŋ] — die Schaukel

to swing [swɪŋ] — schwingen, schaukeln

Switzerland ['swɪtsələnd] — die Schweiz

T

table ['teɪbl] — der Tisch

table tennis ['teɪbl ˌtenɪs] — Tischtennis

tail [teɪl] — der Schwanz

to take [teɪk] — nehmen

to take a bath [ˌteɪk ə 'bɑːθ] — *baden*

to take a boat trip [ˌteɪk ə 'bəʊt trɪp] — *mit dem Boot fahren*

to take off [teɪk 'ɒf] — *ausziehen (Kleidung), abheben (Flugzeug)*

tall [tɔːl] — groß

tape [teɪp] — die Kassette

to taste [teɪst] — schmecken

taxi ['tæksi] — das Taxi

tea [tiː] — der Tee

to have tea [hæv 'tiː] — *Tee trinken*

teacher ['tiːtʃə] — der Lehrer, die Lehrerin

team [tiːm] — die Mannschaft

teddy bear ['tedi beə] — der Teddybär

teeth ['tiːθ] — die Zähne

telephone box die Telefonzelle
['telɪfəʊn bɒks]

television (TV) der Fernseher,
['telɪˌvɪʒn] das Fernsehen

temperature die Temperatur
['temprətʃə]

to have a *Fieber haben*
temperature
[hæv ə 'temprətʃə]

tennis ['tenɪs] Tennis

tennis court der Tennisplatz
['tenɪs kɔːt]

tennis racket der Tennisschläger
['tenɪs ˌrækɪt]

tepee ['tiːpiː] das Indianerzelt,
das Tipi

Thames die Themse
[temz] *(Fluss in London)*

to thank danken
[θæŋk]

Thank you! *Danke!*
['θæŋk juː]

Thanksgiving das Erntedankfest
Day *(AE)*
[ˌθæŋks'ɡɪvɪŋ deɪ]

that [ðæt] der da, die da,
(pl.: those) das da

the [ðə] der, die, das

theatre ['θɪətə] das Theater

their [ðeə] ihr

them [ðem] ihnen, sie

there [ðeə] da, dort

these [ðiːz] diese

they [ðeɪ] sie

thing [θɪŋ] das Ding,
die Sache

to think [θɪŋk] denken, meinen

thirsty ['θɜːsti] durstig

this [ðɪs] diese, dieser,
(pl.: these) dieses

those [ðəʊz] die da

through [θruː] durch

to throw werfen
[θrəʊ]

thumb [θʌm] der Daumen

thunder der Donner
['θʌndə]

thunder storm das Gewitter
['θʌndə stɔːm]

Thursday der Donnerstag
['θɜːzdeɪ]

ticket ['tɪkɪt] die Fahrkarte

tie [taɪ] die Krawatte

to tie [taɪ] binden

tiger ['taɪɡə] der Tiger

time [taɪm] die Zeit

timetable der Stundenplan
['taɪmˌteɪbl]

tin [tɪn] die (Konserven-)
Dose

T

T

a tin of ... [ə ˌtɪn əv]   *eine Dose ...*

tired [ˈtaɪəd]   müde

to [tuː]   zu, in, nach, bis

toast [təʊst]   der Toast, das Toastbrot

today [təˈdeɪ]   heute

toe [təʊ]   der Zeh, die Zehe

toilet [ˈtɔɪlət]   die Toilette

tomato [təˈmɑːtəʊ] *(pl.: tomatoes)*   die Tomate

tomorrow [təˈmɑrəʊ]   morgen

tongue [tʌŋ]   die Zunge

too [tuː]   auch *(nachgestellt)*

tool [tuːl]   das Werkzeug

tooth [tuːθ] *(pl.: teeth)*   der Zahn

toothache [ˈtuːθeɪk]   die Zahnschmerzen

toothbrush [ˈtuːθbrʌʃ]   die Zahnbürste

top [tɒp]   das Oberteil

torch *(BE)* [tɔːtʃ]   die Taschenlampe

tortoise [ˈtɔːtəs]   die Landschildkröte

to touch [tʌtʃ]   anfassen

towel [ˈtaʊəl]   das Handtuch

Tower [ˈtaʊə]   *berühmte Burg in London*

Tower Bridge [ˌtaʊə ˈbrɪdʒ]   *berühmte Brücke in London*

town [taʊn]   die Stadt

toy [tɔɪ]   das Spielzeug

toy shop [ˈtɔɪ ʃɒp]   der Spielzeugladen

tractor [ˈtræktə]   der Traktor

traffic light [ˈtræfɪk laɪt]   die Ampel

train [treɪn]   der Zug

trainers, a pair of ... [ˈtreɪnəz]   die Turnschuhe

treasure [ˈtreʒə]   der Schatz

tree [triː]   der Baum

trick [trɪk]   der Trick, der Streich

Trick or treat! [ˌtrɪk ɔː ˈtriːt]   *Streich oder Belohnung!, Süßes oder Saures!*

trip [trɪp]   der Ausflug

trousers, a pair of ... [ˈtraʊzəz]   die Hose

trumpet die Trompete
['trʌmpɪt]

trunk [trʌŋk] der Rüssel

to try on anprobieren
[traɪ 'ɒn]

T-shirt das T-Shirt
['tiː ʃɜːt]

Tuesday der Dienstag
['tjuːzdeɪ]

turkey ['tɜːki] der Truthahn

Turkey ['tɜːki] die Türkei

Turkish türkisch
['tɜːkɪʃ]

I'm Turkish. *Ich bin Türke/*
[aɪm 'tɜːkɪʃ] *Türkin.*

to turn [tɜːn] drehen, abbiegen,
(sich) verwandeln

turn: Du bist dran!
It's your turn!
[ɪts 'jɔː tɜːn]

turtle ['tɜːtl] die Wasserschild-
kröte

TV [ˌtiː 'viː] der Fernseher,
das Fernsehen

U

umbrella der Schirm
[ʌm'brelə]

uncle ['ʌŋkl] der Onkel

under ['ʌndə] unter

underground die U-Bahn
['ʌndəgraʊnd]

underpants die Unterhose
['ʌndəpænts]

unhappy unglücklich
[ʌn'hæpi]

the United die Vereinigten
States of Staaten von
America Amerika
[juˌnaɪtɪd ˌsteɪts əv ə'merɪkə]

up [ʌp] hinauf

upstairs oben (im Haus),
[ˌʌp'steəz] nach oben

us [ʌs] uns

the USA die USA
[ˌjuː es 'eɪ]

to use [uːz] benutzen

V

valentine der/die Liebste,
['væləntaɪn] der Schatz

Valentine's Day der Valentinstag
['væləntaɪnz deɪ]

valley ['væli] das Tal

vampire der Vampir
['væmpaɪə]

van [væn] der Lieferwagen

vegetables das Gemüse
['vedʒtəblz]

vest [vest] das Unterhemd

T
U
V

V

W

vet [vet] — der Tierarzt, die Tierärztin

village ['vɪlɪdʒ] — das Dorf

violet ['vaɪələt] — das Veilchen

violin [ˌvaɪə'lɪn] — die Geige

to visit ['vɪzɪt] — besuchen, besichtigen

volleyball ['vɒlibɔːl] — Volleyball

W

to wait [weɪt] — warten

waiter ['weɪtə] — der Kellner

waitress ['weɪtrəs] — die Kellnerin

Wales [weɪlz] — Wales

to walk [wɔːk] — zu Fuß gehen, spazieren gehen

wall [wɔːl] — die Wand

to want [wɒnt] — wollen

wardrobe ['wɔːdrəʊb] — der Kleiderschrank

warm [wɔːm] — warm

to wash [wɒʃ] — waschen

to wash one's face [ˌwɒʃ wʌnz 'feɪs] — *sich das Gesicht waschen*

washing machine ['wɒʃɪŋ məˌʃiːn] — die Waschmaschine

waste-paper basket [ˌweɪst 'peɪpə ˌbɑːskɪt] — der Papierkorb

watch [wɒtʃ] *(pl.: watches)* — die Armbanduhr

to watch [wɒtʃ] — beobachten, anschauen

to watch TV [wɒtʃ ˌtiː'viː] — *fernsehen*

water ['wɔːtə] — das Wasser

watercolour ['wɔːtəˌkʌlə] — die Wasserfarbe

watermelon ['wɔːtəˌmelən] — die Wassermelone

way [weɪ] — der Weg

on the way [ɒn ðə weɪ] — *unterwegs*

we [wiː] — wir

to wear [weə] — tragen *(Kleidung)*

weather ['weðə] — das Wetter

weather forecast ['weðə ˌfɔːkɑːst] — der Wetterbericht, die Wettervorhersage

web [web] — das Netz

Wednesday ['wenzdeɪ] — der Mittwoch

week [wiːk] — die Woche

weekend das Wochenende
[ˌwiːkˈend]

welcome willkommen
[ˈwelkəm]

Wellington boot der Gummistiefel
[ˌwelɪŋtən ˈbuːt]
(pl. auch: wellies)

Welsh [welʃ] walisisch

west [west] der Westen

Westminster *Westminsterabtei*
Abbey *in London*
[ˌwestmɪnstə ˈæbi]

wet [wet] nass

what [wɒt] was (für ein)

What's the *Wie ist das*
weather like? *Wetter?*
[ˌwɒts ðə ˈweðə laɪk]

wheel [wiːl] das Rad

when [wen] wann

where [weə] wo

which [wɪtʃ] welche, welcher,
welches

white [waɪt] weiß

who [huː] wer

why [waɪ] warum

wife [waɪf] die Ehefrau
(pl.: wives)

wild [waɪld] wild

will [wɪl] werden *(Zukunft)*

wind [wɪnd] der Wind

window das Fenster
[ˈwɪndəʊ]

windy [ˈwɪndi] windig

wing [wɪŋ] der Flügel

winner [ˈwɪnə] der Sieger,
die Siegerin

winter [ˈwɪntə] der Winter

to wish [wɪʃ] wünschen

witch [wɪtʃ] die Hexe
(pl.: witches)

with [wɪð] mit

without ohne
[wɪˈðaʊt]

wizard der Zauberer
[ˈwɪzəd]

woman die Frau
[ˈwʊmən]
(pl.: women)

women die Frauen
[ˈwɪmɪn]

wood [wʊd] das Holz

wool [wʊl] die Wolle

woolly hat die Mütze
[ˌwʊli ˈhæt]

word [wɜːd] das Wort

W

work [wɜːk] die Arbeit

at work *bei der Arbeit*
[ət 'wɜːk]

out of work *arbeitslos*
[ˌaʊt ˌav 'wɜːk]

to work [wɜːk] arbeiten

workbook das Heft
['wɜːkbʊk]

world [wɜːld] die Welt

to write [raɪt] schreiben

wrong [rɒŋ] falsch

Y

year [jɪə] das Jahr

yellow ['jeləʊ] gelb

yes [jes] ja

yesterday gestern
['jestədeɪ]

yoghurt der Joghurt
['jɒgət]

you [juː] du, dir, dich; Sie,
Ihnen; ihr, euch

young [jʌŋ] jung

your [jɔː] dein, euer, Ihr

Z

zebra ['zebrə] das Zebra

zip [zɪp] der Reißverschluss

zoo [zuː] der Zoo

W
Y
Z

Gegenüber beginnt
die Wörterliste
Deutsch – Englisch!

A

abbiegen (rechts, links)	to turn (right, left)
Abend	evening
Abendessen	dinner
zu Abend essen	*to have dinner*
aber	but
Abfall	rubbish
Affe	monkey
Afrika	Africa
alle, alles	all, everybody, everything
alt	old
altmodisch	old-fashioned
am liebsten	best
Amerika	America
Amerikaner(in)	American
amerikanisch	American
Ampel	traffic light
an	at, by
Ananas	pineapple
(sich) ändern	to change
anfangen	to begin
anfassen	to touch
Angst	fear
Angst haben vor	*to be scared, to be afraid of*
anhalten	to stop
ankommen	to arrive
anmalen	to colour
Anorak	anorak
anprobieren	to try on
anrufen	to call
anschauen	to watch
antworten	to answer
anziehen	to put on *(Kleidung)*
sich anziehen	*to dress, to get dressed*
Apfel	apple
April	April
Aquarium	aquarium
Arbeit	work, job
bei der Arbeit	*at work*
arbeitslos	out of work, jobless
Arm	arm
arm	poor
Armbanduhr	watch *(pl.: watches)*
Ärmel	sleeve
Arzt, Ärztin	doctor
Asien	Asia
Astronaut	astronaut
atmen	to breathe
auch	too *(nachgestellt)*

A

B

auf	on
Auf die Plätze! Fertig! Los!	Ready! Steady! Go!
Auf Wiedersehen!	Goodbye!
aufhängen	to hang up
aufheben	to pick up
aufhören	to stop
Aufkleber	sticker
aufsammeln	to pick up
aufstehen	to stand up; to get up *(nach dem Aufwachen)*
Auge	eye
Augenblick	moment
im Augenblick	*at the moment*
Augenbraue	eyebrow
August	August
aus	from
aus … (gemacht)	made of …
aus … heraus	out of …
Ausflug	trip
ausfüllen	to fill in
Ausgang	exit
sich ausleihen	to borrow
außen	outside
Australien	Australia

Australier(in)	Australian
australisch	Australian
ausziehen	to take off *(Kleidung)*
Auto	car
Automechaniker(in)	car mechanic

B

Baby	baby
backen	to bake
Bäcker	baker
Bäckerei	bakery *(pl.: bakeries)*
Backofen	oven
Badeanzug	swimsuit
Badehose	swimming trunks
baden	to take a bath, to bathe
Badezimmer	bathroom
Badminton	badminton
Ball	ball
Ballett	ballet
Banane	banana
Band	ribbon
Bär	bear
Bart	beard

Baseball	baseball
Baseballmütze	baseball cap
Basketball	basketball
basteln	to do arts and crafts
Bauch-schmerzen	stomach-ache
bauen	to build
Bauer, Bäuerin	farmer
Bauernhaus	farmhouse
Bauernhof	farm
Baum	tree
Baumwolle	cotton
Baustein	building brick
Beeil dich!	Hurry up!
Beere	berry *(pl.: berries)*
behalten	to keep
bei	at, by
Bein	leg
Beispiel	example
bekommen	to get
Belgien	Belgium
beliebt	popular
bellen	to bark
benutzen	to use
beobachten	to watch
bequem	comfortable

Berg	mountain, hill
berühmt	famous
Besen	broom
besichtigen	to visit
Besichtigungs-rundfahrt	sightseeing tour
besondere, besonderer, besonderes	special
besser	better
beste, bester, bestes	best
besuchen	to visit
Bett	bed
beugen	to bend
bewegen, sich bewegen	to move
bewölkt	cloudy
bezahlen	to pay
Biene	bee
Bild	picture
Bildgeschichte	picture story
billig	cheap
binden	to tie
Birne	pear
bitte	please
Blatt	leaf *(pl.: leaves)*
blau	blue

B

B

C

Blaulicht	flashing light
bleiben	to stay
Bleistift	pencil
Blitz	lightning
blühen	to bloom, to blossom
Blume	flower
Bluse	blouse
Boden	floor
Bogen	bow
Bohne	bean
Boot	boat
Boot fahren	*to take a boat trip*
böse	bad
boxen	to box
braten	to fry
brauchen	to need
braun	brown
Brettspiel	board game
Brief	letter
Brieffreund(in)	penfriend
Briefkasten	letterbox (pl.: letterboxes)
Briefmarke	stamp
Briefträger	postman (pl.: postmen)
Briefumschlag	envelope

Brille	glasses (a pair of glasses)
bringen	to bring
Brite/Britin sein	to be British
britisch	British
Brot	bread
Brötchen	roll
Brücke	bridge
Bruder	brother
Buch	book
Bücherregal	bookshelves
Buchstabe	letter
Büffel	buffalo (pl.: buffaloes)
Buntstift	coloured pencil
Burg	castle
Bürste	brush
bürsten	to brush
Bus	bus (pl.: buses)
Busfahrer(in)	bus driver
Bushaltestelle	bus stop
Butter	butter

C

China	China
Chips	crisps
Cola	cola, coke

Computer	computer	**Deutschland**	Germany
am Computer spielen	*to play computer games*	**Dezember**	December
Cornflakes	cornflakes	**dick**	fat
Cousin, Cousine	cousin	**Dienstag**	Tuesday
Cricket	cricket	**dies, diese, dieser, dieses**	this *(pl.: these)*

D

da, dort	there	**Ding**	thing
Dach	roof	**Dollar**	dollar *(Geld)*
Dachboden	attic	**Donner**	thunder
Dänemark	Denmark	**Donnerstag**	Thursday
danke	thank you	**doppelt**	double
danken	to thank	**Dorf**	village
Datum	date	**Dose**	tin *(Konserve)*
Daumen	thumb	*eine Dose …*	*a tin of …*
dein	your	**Drache**	dragon
Delfin	dolphin	**Drachen**	kite
denken	to think	*den Drachen steigen lassen*	*to fly the kite*
der, die, das	the	**dreckig**	dirty
der, die, das da	that *(pl.: those)*	**drehen**	to turn
derselbe, dieselbe, dasselbe	same	**Dschungel**	jungle
		du, dir, dich	you
deutsch	German	**Du bist dran!**	It's your turn!
Deutsche(r)	German	**Dudelsack**	bagpipes
		dumm	stupid
		dunkel	dark
		dunkelgrün	dark green

C

D

D

E

Dunkelheit	dark(ness)
durch	through
dürfen	may
durstig	thirsty
Dusche	shower
duschen	*to have a shower*

E

Ecke	corner
Ei	egg
Eichhörnchen	squirrel
Eile	hurry
Eimer	bucket
ein, eine	a, an
ein paar	some
einfach	easy
Eingang	entrance
einkaufen gehen	to go shopping
Einkaufs-zentrum	shopping centre
Einladung	invitation
Eis	ice
Eisbär	polar bear
Eishockey	ice hockey
Eiskrem	ice cream
Eis laufen	to ice-skate

Elefant	elephant
Elektriker(in)	electrician
Ellbogen	elbow
Eltern	parents
Engel	angel
England	England
Engländer(in) sein	to be English
englisch	English
Ente	duck
Entenküken	duckling
entscheiden	to decide
Entschuldigung!	Excuse me!
er	he
Erbse	pea
Erdbeere	strawberry *(pl.: strawberries)*
Erde	earth
erfreut	pleased
erfüllen	to grant
sich erinnern	to remember
Erntedankfest	Thanksgiving Day *(AE)*
erschrecken (jemanden)	to frighten
erste, erster, erstes	first
Es tut mir leid!	Sorry!, I'm sorry!

es	it
Esel	donkey
Essen	food
essen	to eat
Esszimmer	dining room
euch	you
euer	your
Eule	owl
Europa	Europe

F

Fahne	flag
fahren	to go
Fahrgeld	fare
Fahrkarte	ticket
Fahrrad fahren	to cycle
Fahrrad	bicycle, bike
fallen	to fall
falsch	wrong
falten	to fold
Familie	family *(pl.: families)*
fangen	to catch
Farbe	colour
färben	to colour
Faust-handschuh	mitten

Februar	February
Feder	feather
Federball	badminton
Feder-mäppchen	pencil case
Fee	fairy *(pl.: fairies)*
fehlend	missing
feiern	to celebrate
Feiertag	holiday
Feld	field
Fell	fur
Felsen	rock
Fenster	window
Ferien	holidays
Ferkel	piglet
fernsehen	to watch TV
Fernseher	TV, television
fertig	ready
fertig machen	to finish
fett	fat
Feuer	fire
Feuer löschen	*to put out the fire*
Feuerwehrauto	fire engine
Feuerwehr-mann	fireman *(pl.: firemen)*
Fieber	temperature

E

F

F

Fieber haben	*to have a temperature*
Filzstift	felt tip
finden	to find
Finger	finger
Finnland	Finland
Fisch, Fische	fish
Flagge	flag
Flamingo	flamingo
Flasche	bottle
eine Flasche …	*a bottle of …*
Fleck	spot
Fledermaus	bat
Fleisch	meat
fliegen	to fly
Flöte	recorder (Blockflöte)
Flug	flight
Flügel	wing
Flugzeug	plane
Flur	hall
Fluss	river
Fohlen	foal
Föhn	hairdryer
folgen	to follow
Football	American football
Frage	question

fragen	to ask
Frankreich	France
Franzose/ Französin sein	to be French
französisch	French
Frau	woman (pl.: women)
Ehefrau	*wife (pl.: wives)*
Frau …	Mrs/Ms …
Freitag	Friday
Freund	(boy)friend
Freunde treffen	*to meet friends*
Freundin	(girl)friend
freundlich	friendly
Freundschaft	friendship
Friedhof	graveyard
Friseur(in)	hairdresser
Fröhliche Weihnachten!	Merry Christmas!
Frosch	frog
Frost	frost
frostig	frosty
Frucht, Früchte	fruit
früh	early
Frühling	spring
Frühstück	breakfast
(sich) fühlen	to feel

führen	to lead
füllen	to fill
Füller	pen
für	for
Fuß	foot *(pl.: feet)*
zu Fuß gehen	*to walk*
Fußball	football *(BE)*, soccer *(AE)*
Fußboden	floor
Fußgänger(in)	pedestrian
füttern	to feed

G

Gabel	fork
Gameboy	Gameboy
Gans	goose *(pl.: geese)*
Gänse-blümchen	daisy *(pl.: daisies)*
Gänseküken	gosling
Garage	garage
Garten	garden
Gärtner(in)	gardener
Gast	guest
geben	to give
Gib mir bitte die Butter!	*Pass the butter, please!*
Gebirge	mountains

gebrochen	broken
Geburtstag	birthday
Geburtstags-feier	birthday party
Geburtstags-kalender	birthday calender
Geburtstags-lied	birthday song
gefährlich	dangerous
gegenüber	opposite
geheim	secret
gehen	to go, to walk
gehören	to belong
Geige	violin
Geist	ghost
gelb	yellow
Geld	money
Gelegenheit	chance
gemein	mean
Gemüse	vegetables
Gemüse-händler	greengrocer
genug	enough
gepunktet	dotted
geradeaus	straight on
Geschäft	shop
Geschenk	present

F

G

G

H

Geschichte	story *(pl.: stories)*
Gesicht	face
Gespenst	ghost
gespenstisch	spooky
gestern	yesterday
gestreift	striped
Getränk	drink
Gewitter	thunder storm
Gips	plaster
Giraffe	giraffe
Gitarre	guitar
Gitarre spielen	*to play the guitar*
Glas	glass
ein Glas …	*a glass of …*
Glocke	bell
glücklich	happy
Gnom	goblin
Gold	gold
Goldfisch(e)	goldfish
Golf	golf
Grabstein	gravestone
Gras	grass
grau	grey
Griechenland	Greece
groß	big, tall, great
großartig	great

Großbritannien	Great Britain
Größe	size
Großmutter	grandmother, grandma
Großvater	grandfather, grandpa
grün	green
gruselig	scary
Gummibärchen	jelly baby *(pl.: jelly babies)*
Gummistiefel	Wellington boot *(pl. auch: wellies)*
Gürtel	belt
gut	good, nice

H

Haar, Haare	hair
haben	to have (got)
Hahn	cock, rooster *(AE)*
häkeln	to crochet
halb	half
halb eins	*half past twelve (Uhrzeit)*
Hallo!	Hello!, Hi!
Halloween	Halloween
Hals	neck
Halsschmerzen	sore throat
Hamburger	hamburger

hämmern	to hammer	**heißen**	to be called
Hampelmann	jumping jack	**helfen**	to help
Hamster	hamster	**hell**	light
Hand	hand	**hellgrün**	light green
handarbeiten	to do arts and crafts	**Helm**	helmet
		Hemd	shirt
Handschuh	glove	**Henne**	hen
Handtuch	towel	**Herbst**	autumn *(BE)*, fall *(AE)*
Hälfte	half		
hängen	to hang	**Herd**	cooker
hassen	to hate	**Herde**	herd
Hauptstadt	capital	**Herr …**	Mr
Haus	house	**herschauen (zu)**	to look (at)
Hausaufgabe	homework		
Hausaufgaben machen	*to do one's homework*	**herstellen aus**	to make out of
		herunter- kommen	to come down
Hausfrau	housewife *(pl.: housewives)*	**herzliche Grüße**	love
Hausmeister	caretaker		
Haustier	pet	**Heu**	hay
Haut	skin	**heute**	today
Heft	exercise book, workbook	**Hexe**	witch *(pl.: witches)*
		hier	here
Heiligabend	Christmas Eve	**Himmel**	sky *(pl.: skies)*
heimgesucht	haunted	**hinauf**	up
heimlich	secret	**hineingehen**	to enter
heiß	hot	**hinsehen**	to look (at)

H

H
I
J

sich hinsetzen	to sit down
hinter	behind
hinunter	down
Hobby	hobby *(pl.: hobbies)*
hoch	high
Hochsprung	high jump
Höcker	hump
Hockey	hockey
Hockey-schläger	hockey stick
Höhle	cave
Holz	wood
Honig	honey
hören	to hear
Hose	trousers (a pair of trousers)
Hotdog	hot dog
Hügel	hill
Huhn	hen, chicken
Hühnerstall	henhouse
Hund	dog
Hundebaby	puppy *(pl.: puppies)*
hungrig	hungry
Husten	cough
Husten haben	*to have a cough*
Hut	hat

I

ich	I
ihm, ihn	him
ihnen	them
ihr	you; her, their
Imbiss	snack
immer	always
in, im	in, at
in … (drin)	inside
in … hinein	into
Inder(in), Indianer(in)	Indian
Indianerzelt	tepee
Ingenieur(in)	engineer
Inlineskaten	inline skating
innen	inside
Instrument	instrument
irisch	Irish
Irland	Ireland
Italien	Italy
Italiener(in)	Italian
italienisch	Italian

J

ja	yes
Jacke	jacket

Jahr	year
Jahreszeit	season
Januar	January
Jeans	jeans (a pair of jeans)
jeder	everybody
Joghurt	yoghurt
Judo	judo
Juli	July
jung	young
Junge	boy
Juni	June

K

Käfer	beetle
Kaffee	coffee
Käfig	cage
Kakao	hot chocolate
Kalb	calf *(pl.: calves)*
Kalender	calendar
kalt	cold
Kälte	cold
Kamel	camel
Kamm	comb
kämmen	to comb
kämpfen	to fight

Kanada	Canada
Känguru	kangaroo
Kaninchen	rabbit
Kappe	cap
kaputt	broken
kaputt machen	to break
Karotte	carrot
kariert	checked
Karte	card
Kartoffel	potato *(pl.: potatoes)*
Käse	cheese
Kassette	cassette, tape
Kastanie	conker
Katze	cat
kaufen	to buy
Kaugummi	chewing gum
Keks	biscuit
Keller	cellar
kennen	to know
kennenlernen	to meet
Kerze	candle
Ketchup	ketchup
Keyboard	keyboard
Kiefernzapfen	pine cone
Kind	child *(pl.: children)*

J

K

K

Kinder-mädchen	nanny *(pl.: nannies)*
Kinderzimmer	children's room
Kinn	chin
Kino	cinema
Kirche	church *(pl.: churches)*
Kirsche	cherry *(pl.: cherries)*
Kiste	box
Klarinette	clarinet
Klasse	class
Klassenzimmer	classroom
klatschen	to clap
Klatscht in die Hände!	*Clap your hands!*
Klavier	piano
kleben	to glue
Kleid	dress *(pl.: dresses)*
Kleiderbügel	clothes hanger
Kleiderschrank	wardrobe
Kleidung	clothes
klein	small, little
klettern	to climb
knabbern	to nibble
Knallbonbon	cracker
Knie	knee

Knopf	button
knuddeln	to cuddle
Kobold	goblin
Koch, Köchin	cook
kochen	to cook
Koffer	suitcase
kommen	to come
kommen aus	*to come from*
Komm herein!	*Come in!*
König	king
Königin	queen
königliche Familie	royal family
können	can
Konzert	concert
Kopf	head
Kopfsalat	lettuce
Kopf-schmerzen	headache
Kopfschmerzen haben	*to have a headache*
Korb, Körbchen	basket
Körper	body *(pl.: bodies)*
Koyote	coyote
Kragen	collar
krähen	to crow

Kralle	claw	**küssen**	to kiss
krank	ill, sick	**Küste**	seaside
Kranken-schwester	nurse	**Kutsche**	carriage
Krankenwagen	ambulance		
Krawatte	tie	**L**	
Kreide	chalk	**lachen**	to laugh
Kreis	circle	**Laden**	shop
Kreuzworträtsel	crossword (puzzle)	**Lamm**	lamb
Krokodil	crocodile	**Land**	country (pl.: countries)
Krone	crown	**Landkarte**	map
Kronjuwelen	crown jewels	**Landschaft**	landscape
Küche	kitchen	**lang**	long
Kuchen	cake	**langsam**	slow
Kugelschreiber	biro	**lassen**	to let
Kuh	cow	**Lastwagen**	lorry (pl.: lorries)
Kühlschrank	fridge, refrigerator	**Lauf**	run
Küken	chick	**laufen**	to run
sich kümmern um	to look after	**leben**	to live
Kürbis	pumpkin	**Lebensmittel**	food
Kürbislaterne	jack-o'-lantern	**Leder**	leather
kurz	short	**leer**	empty
kurze Hose	shorts (a pair of shorts)	**legen**	to put
		Lehrer(in)	teacher
kuscheln	to cuddle	**leicht**	easy
Kuscheltier	cuddly toy	**Leiter**	ladder

K

L

L

M

Leopard	leopard
lernen	to learn
lesen	to read
letzte, letzter, letztes	last
Leute	people
Licht	light
Liebe	love
lieben	to love
Lieblings …	favourite …
Lied	song
Lieferwagen	van
liegen	to lie
lila	purple
Limonade	lemonade
Lineal	ruler
Linie	line
links	left
Lippe	lip
Loch	hole
Löffel	spoon
Löwe	lion
Luft	air
Luftballon	balloon
lustig	funny
Lutscher	lollipop

M

machen	to make, to do
Macht nichts!	Never mind!
Mädchen	girl
Magen	stomach
Mahlzeit	meal
Mähne	mane
Mai	May
malen	to draw, to paint
Mama	mum
Mann	man *(pl. men)*
Ehemann	*husband*
Mannschaft	team
Mantel	coat
Mäppchen	pencil case
Märchen	fairy tale
Markt	market
Marktstand	market stall
Marmelade	jam
marschieren	to march
März	March
Maschine	engine
Matsch	mud
Matte	mat
Maus	mouse *(pl. mice)*
Medizin	medicine

Meer	sea
Meerjungfrau	mermaid
Meer-schweinchen	guinea pig
mehr	more
mein	my
meinen	to think
melken	to milk
Memory	Memory
Messer	knife
Metzger	butcher
Metzgerei	butcher's (shop)
mich, mir	me
Milch	milk
Mineralwasser	mineral water
Minute	minute
Mistelzweig	mistletoe
Misthaufen	manure heap
mit	with
Mittagessen	lunch
zu Mittag essen	*to have lunch*
Mitternacht	midnight
Mittwoch	Wednesday
Mode	fashion
Modenschau	fashion show
modern, modisch	fashionable

M
N

mögen	to like
Möglichkeit	chance
Möhre	carrot
Monat	month
Mond	moon
Mondlicht	moonlight
Montag	Monday
Morgen	morning
morgen	tomorrow
Mountainbike	mountain bike
müde	tired
Müll	rubbish
Müllauto	dust cart
Mund	mouth
Musik	music
Musik hören	*to listen to (the) music*
müssen	must
Mutter	mother
Mütze	woolly hat

N

Nachbarschaft	neighbourhood
Nachmittag	afternoon
nachmittags	p. m.

nächste, nächster, nächstes	next
Nacht	night
nah, in der Nähe	near
Name	name
Nase	nose
Nashorn	rhino
nass	wet
Nationalität	nationality
Nebel	fog
nebelig	foggy
neben	next to
nehmen	to take
nein	no
nett	nice
Netz	web
neu	new
Neujahr	New Year
Neuseeland	New Zealand
nicht	not
nichts	nothing
nie, niemals	never
Niederlande	the Netherlands
niedlich	cute
niedrig	low

Nikolaus	Santa Claus *(AE)*
Nilpferd	hippo
Norden	north
Nordirland	Northern Ireland
Nordpol	North Pole
Norwegen	Norway
November	November
nur	only
Nuss	nut

O

oben (im Haus)	upstairs
Oberteil	top
Obst	fruit
Obst- und Gemüsehändler	greengrocer
öffnen	to open
ohne	without
Ohr	ear
Oktober	October
Oma	grandma
Onkel	uncle
Opa	grandpa
orange	orange
Orange	orange
Orangensaft	orange juice

Ort	place
Osten	east
Osterei	Easter egg
Osterglocke	daffodil
Osterhase	Easter bunny
Ostern	Easter
Österreich	Austria
Ozean	ocean

P

Paar	pair
ein Paar …	*a pair of …*
Päckchen	packet, parcel
ein Päckchen …	*a packet of …*
Paket	parcel
Panda	panda
Papa	dad
Papagei	parrot
Papierkorb	waste-paper basket
Park	park
passen zu	to match
passieren	to happen
Pause	break
Pence	pence *(Geld)*
Penny	penny *(Geld)*
Pfanne	frying pan

Pfannkuchen	pancake
Pfau	peacock
Pfeffer	pepper
Pfefferkuchen	gingerbread
Pfeil	arrow
Pferd	horse
Pferdeschlitten	sleigh
Pflaster	plaster
pflanzen	to plant
Pflaume	plum
pflücken	to pick
Pfund	pound
ein Pfund …	*a pound of …*
Pilot, Pilotin	pilot
Pilz	mushroom
Pinguin	penguin
Pinsel	paint brush
Pizza	pizza
Plastik	plastic
Platz	place
plötzlich	suddenly
Polen	Poland
Polizei	police
Polizeiauto	police car
Polizist	policeman *(pl.: policemen)*

O

P

Pommes frites	chips
Popcorn	popcorn
Prärie	prairie
Preis	price
Prinz	prince
Prinzessin	princess *(pl.: princesses)*
Pullover	pullover, jumper
Punkt	dot
Puppe	doll
purpurrot	purple
putzen	to brush
Zähne putzen	*to brush one's teeth*
Putzfrau	cleaning lady
Puzzle	puzzle

R

Rad	wheel *(Wagen)*; bike *(Fahrrad)*
Rad fahren	*to ride a bike*
radeln	to bike
Radiergummi	rubber
raten	to guess
Ratte	rat
Raumschiff	spaceship
rechts	right
Regal	shelves

Regen	rain
Regenbogen	rainbow
Regenmantel	raincoat
Regenschirm	umbrella
regnen	to rain
regnerisch	rainy
reich	rich
reinigen	to clean
Reißverschluss	zip
Reiten	horse riding
reiten	to ride
Rentier(e)	reindeer
Rennwagen	racing car
reparieren	to repair
retten	to rescue
richtig	right
riechen	to smell
Riese	giant
Ritter	knight
Rock	skirt
rollen	to roll
Rollschuh	roller skate
rosa	pink
Rose	rose
rot	red
Rücken	back

rudern	to row
rufen	to call, to shout
Rugby	rugby
ruhig	quiet, silent
rühren	to stir
Rüssel	trunk
Russland	Russia
Rüstung	armour
Rutsche	slide
rutschen	to slide

S

Sache	thing
Saft	juice
sägen	to saw
sagen	to say
Salz	salt
sammeln	to collect
Samstag	Saturday
Sandburg	sandcastle
Sandkasten	sandpit
Sänger(in)	singer
Satz	sentence
sauber	clean
sauber machen	to clean
Schach	chess

Schaf, Schafe	sheep
Schal	scarf *(pl.: scarves)*
Schatten	shadow
Schatz	treasure
Schaukel	swing
schaukeln	to swing
scheinen	to shine
Schere	scissors (a pair of scissors)
scheren	to shear
Scheune	barn
schicken	to send
schieben	to pull
Schiedsrichter	referee
Schiff	ship
Schild	sign
Schildkröte	tortoise *(an Land)*, turtle *(im Wasser)*
Schinken	ham
Schirm	umbrella
schlafen	to sleep
Schlafzimmer	bedroom
schlagen	to beat; to strike *(Uhr)*
Schläger	bat *(Baseball)*
Schlagzeug	drums
Schlamm	mud

R
S

Schlange	snake; queue *(beim Anstehen)*
schlecht	bad
Schleife	bow, ribbon
schließen	to close, to shut
Schlitten	sledge, sleigh
Schlitten fahren	to sledge
Schlittschuh	skate
Schlittschuh laufen	to ice-skate
Schloss	castle
schmecken	to taste
Schmetterling	butterfly *(pl.: butterflies)*
schmutzig	dirty
Schnabel	beak
Schnee	snow
Schneeball	snowball
Schneeball-schlacht	snowball fight
Schneeflocke	snowflake
Schnee-glöckchen	snowdrop
Schneemann	snowman
schneiden	to cut
schneien	to snow
schnell	fast
Schnellimbiss	chip shop
Schnupfen	cold
Schnupfen haben	*to have a cold*
Schnur	string
Schnürsenkel	shoelace
Schokolade	chocolate
Schokoriegel, Tafel Schoko-lade	*a bar of chocolate*
heiße Schoko-lade	*hot chocolate*
schön	beautiful, fine
Schornstein	chimney
Schornstein-feger	chimney sweep
schottisch	Scottish
Schottland	Scotland
Schrank	cupboard, wardrobe
schreiben	to write
Schreibtisch	desk
schreien	to cry
Schuh	shoe
ein Paar Schuhe	*a pair of shoes*
Schule	school
in der Schule	*at school*
Schüler(in)	pupil
Schultasche	schoolbag

Schulter	shoulder	**sein**	to be
Schuluniform	school uniform	**sein**	his, its
Schüssel	bowl	**Seite**	page
schütten	to pour	**Sekretär(in)**	secretary *(pl.: secretaries)*
Schwanz	tail		
schwarz	black	**Sekunde**	second
Schweden	Sweden	**Sinn**	sense
Schwein	pig	**September**	September
Schweiz	Switzerland	**Sessel**	armchair
Schwester	sister	**setzen**	to put
schwierig	difficult	**Shampoo**	shampoo
schwimmen	to swim	**sicher**	safe
Schwimmen	swimming	**sie**	she, her; they, them
Schwimmbad	swimming pool	**Sie**	you
schwingen	to swing	**Sieger(in)**	winner
See	lake	**Silvesterabend**	New Year's Eve
die See	*the sea*	**singen**	to sing
Seehund	seal	**sitzen**	to sit
segeln	to sail	**Skateboard**	skateboard
sehen	to see	**Skelett**	skeleton
Sehens-würdigkeit	sight	**Ski**	ski
		Ski fahren	to ski
Seife	soap	**Socke**	sock
Seil	rope	**Sofa**	sofa
seilspringen	to skip	**Sohn**	son
Seilspringen	skipping	**Soldat**	soldier

S

S

Sommer	summer	**Sport**	sport
Sonne	sun	**Sportplatz**	playing field
Sonnenbrille	sunglasses (a pair of sunglasses)	**sprechen**	to speak
		springen	to jump, to skip
sonnig	sunny	**Sprung**	jump
Sonntag	Sunday	**spucken**	to spit
sorgfältig	careful	**spülen**	to flush *(Toilette)*
Spanien	Spain	**Stadion**	stadium
Spanier(in) sein	to be Spanish	**Stadt**	city, town
		Stall	stable
spanisch	Spanish	**stammen aus**	to be from, to come from
Spaß	fun		
spät	late	**Stand**	stall
spazieren gehen	to walk	**stehen**	to stand
		Stein	rock
Speiseeis	ice cream	**stellen**	to put
Spiegel	mirror	**Steppe**	grassland
Spiel	game, match *(Sport)*	**Stern**	star
		Stiefel	boot
spielen	to play	**still**	silent, quiet
Spieler(in)	player	**Stock**	stick
Spielfeld	playing field	**stoßen**	to push
Spielplatz	playground	**Strand**	beach *(pl.: beaches)*, seaside
Spielzeug	toy		
Spielzeugladen	toy shop		
Spinne	spider	**Straße**	street, road
Spitzer	pencil sharpener	**Streich**	trick

Streich oder Belohnung!	*Trick or treat!*
streicheln	to stroke, to pet
streichen	to spread *(Brot)*
Streifen	stripe
streiten	to argue, to fight
stricken	to knit
Strickjacke	cardigan
Strumpf	stocking
Stück	piece
ein Stück …	*a piece of …*
Stuhl	chair
Stunde	hour
Stundenplan	timetable
Sturm	storm
suchen (nach)	to look for, to search, to seek
Süden	south
Supermarkt	supermarket
Süßigkeiten	sweets *(BE)*, candy *(AE)*
Sweatshirt	sweatshirt

T

Tafel	board
Tag	day
Tal	valley

Tante	aunt
Tanz	dance
tanzen	to dance
Tasche	bag
Taschenlampe	torch *(BE)*, flashlight *(AE)*
Tasse	cup
Taxi	taxi
Teddybär	teddy bear
Tee	tea
Tee trinken	*to have tea*
Teich	pond
Teil	part
Telefonzelle	telephone box
Teller	plate
Temperatur	temperature
Tennis	tennis
Tennisplatz	tennis court
Tennisschläger	tennis racket
Teppich	carpet
teuer	expensive
Theater	theatre
Themse	Thames
tief	deep
Tier	animal
Tierarzt, -ärztin	vet

S

T

T

U

Tierhandlung	petshop
Tiger	tiger
Tipi	tepee
Tisch	table
Tischtennis	table tennis
Toast(brot)	toast
Tochter	daughter
Toilette	toilet
Tomate	tomato (pl.: tomatoes)
Topf	pot
Tor	goal
Torwart	goalkeeper
tragen	to carry; to wear (Kleidung)
Traktor	tractor
Traum	dream
träumen	to dream
traurig	sad
treffen	to meet
Treppe	stairs
Trick	trick
trinken	to drink
trocknen	to dry
Trommel	drum
Trompete	trumpet
Truthahn	turkey

Tschüs(s)!	Bye!
T-Shirt	T-shirt
tun	to do
Tür	door
Türke/Türkin sein	to be Turkish
Türkei	Turkey
türkisch	Turkish
turnen	to practise gymnastics
Turnhalle	gym (gymnasium)
Turnschuhe	trainers (a pair of trainers)
Tüte	bag

U

U-Bahn	underground
über	over
überqueren	to cross
unglücklich	unhappy
Uhr	clock, watch
Es ist … Uhr.	*It's … o'clock.*
um … Uhr	*at … o'clock*
sich umziehen	to get changed
Unfall	accident
Ungarn	Hungary
Ungeheuer	monster

unheimlich	scary
uns	us
unser	our
unten (im Haus)	downstairs
nach unten	*downstairs*
unter	under
Unterhemd	vest
Unterhosen	underpants
Unterrichts-stunde	lesson
unterwegs	on the way
Urlaub	holiday
USA	the USA

V

Valentinstag	Valentine's Day
Vampir	vampire
Vater	father, dad
Veilchen	violet
verärgert	angry
Verein	club
Vereinigte Staaten von Amerika	the United States of America, the USA
vereist	icy
vergehen	to go by
vergessen	to forget

verkaufen	to sell
Verkäufer(in)	shop assistant
sich verkleiden	to dress up
Verkleidung	costume
verlassen	to leave
sich verlaufen haben	to be lost
verrückt	crazy
verschneit	snowy
verschwinden	to disappear
versprechen	to promise
verstecken, sich verstecken	to hide
vervoll-ständigen	to complete
verwandeln, sich verwandeln	to change
viel	much
viele	a lot of, many
Viereck	square
Viertel	quarter
Viertel nach eins	*quarter past one (Uhrzeit)*
Viertel vor eins	*quarter to one (Uhrzeit)*
violett	purple
Vogel	bird
voll	full

U

V

Volleyball	volleyball
von	from, by
vor	in front of, before
vorbeigehen, -fahren (an)	to pass (by), to go by
vorbereiten	to prepare
vormittags	a. m.

W

Wachsmalstift	crayon
Wald	forest
Wales	Wales
walisisch	Welsh
wälzen	to roll
Wand	wall
Wandtafel	blackboard, board
Wange	cheek
wann	when
warm	warm
warten	to wait
warum	why
was	what
was für ein …	*what a …*
Wäscheleine	clothes line
waschen	to wash
Gesicht waschen	*to wash one's face*

Wasch-maschine	washing machine
Wasser	water
Wasserfarbe	watercolour
Wassermelone	watermelon
Wechselgeld	change
Wecker	alarm clock
Weg	way
unterwegs	*on the way*
weggehen	to leave
weich	soft
Weihnachten	Christmas (Xmas)
Weihnachts-baum	Christmas tree
Weihnachtslied	carol
Weihnachts-mann	Santa Claus *(AE)*, Father Christmas *(BE)*
Weihnachtstag	1. Tag: Christmas Day, 2. Tag: Boxing Day
weil	because
weinen	to cry
Weintrauben	grapes
weiß	white
weit (entfernt)	far
Weitsprung	long jump

welche, welcher, welches	which	**Wippe**	seesaw
		wir	we
Wellensittich	budgie	**wissen**	to know
Welt	world	**wo**	where
wer	who	**Woche**	week
werden	to become; will (Zukunft)	**Wochenende**	weekend
		wohnen	to live
werfen	to throw	**Wohnung**	flat
Werkzeug	tool	**Wohnzimmer**	living room
Westen	west	**Wolke**	cloud
Wetter	weather	**Wolle**	wool
Wetterbericht, -vorhersage	weather forecast	**wollen**	to want
		Wort	word
wie	how, like	**wünschen**	to wish
wie viel	how much	**Würfel**	dice
wie viele	how many	**Würstchen**	sausage
Wie ist das Wetter?	What's the weather like?	**Wüste**	desert

Z

wieder	again	**Zahl**	number
wiederholen	to repeat	**zählen**	to count
wild	wild	**Zahn**	tooth (pl.: teeth)
willkommen	welcome	**Zahnarzt, -ärztin**	dentist
Wimper	eyelash (pl.: eyelashes)		
		Zahnbürste	toothbrush
Wind	wind	**Zahnschmerzen**	toothache
windig	windy		
Winter	winter		

W

Z

Z

Zauberer	wizard
zaubern	to do magic
Zauberspruch	magic spell
Zauberstab	magic wand
Zauberwald	magic forest
Zaun	fence
Zebra	zebra
Zeh, Zehe	toe
zeichnen	to draw
zeigen	to show
Zeit	time
Zeitung	newspaper
zerbrechen	to break
Ziege	goat
ziehen	to pull
Zimmer	room
Zirkus	circus

Zitrone	lemon
Zoo	zoo
zornig	angry
zu(m)	to
Zucker	sugar
Zug	train
Zug fahren	*to go by train*
Zuhause	home
zu Hause	*at home*
zuhören	to listen
Zunge	tongue
zurück	back
zweite, zweiter, zweites	second
Zwerg	dwarf
zwischen	between

Abkürzungen:

sg. (= singular): Einzahl
pl. (= plural): Mehrzahl
BE (= British English): britisches Englisch
AE (= American English): amerikanisches Englisch